PATRICK TAYLOR

Die 200 schönsten Strauch- und Kletterrosen

Aus dem Englischen
von Maria Gurlitt-Sartori

VERLAG
EUGEN
ULMER

Für Sophie, in großer Zuneigung

Die Deutsche Bibliothek – CIP-Einheitsaufnahme

Taylor, Patrick:
Die 200 schönsten Strauch- und Kletterrosen / Patrick
Taylor. –
Stuttgart : Ulmer, 1995
    Einheitssacht.: Gardening with roses <dt.>
    ISBN 3-8001-6585-6

NE: Taylor, Patrick: Die zweihundert schönsten
    Strauch- und Kletterrosen; Die zweihundert schönsten
    Strauch- und Kletterrosen; HST

Copyright © 1995 Patrick Taylor
Illustration copyright © 1995 Open Books
Publishing Ltd
Titel der englischen Originalausgabe:
Gardening with Roses,
erschienen 1995 bei Open Books Publishing Ltd,
Beaumont House, Wells BA5 2LD, Somerset

Deutsche Ausgabe 1995:
Eugen Ulmer GmbH&Co.
Wollgrasweg 41, 70599 Stuttgart (Hohenheim)
Lektorat: Dr. Nadja Kneissler, Dr. Steffen Volk
Herstellung: Gabriele Franz
Satz: Typomedia Satztechnik GmbH, Scharnhausen
Printed and bound in Hongkong

INHALT

VORWORT UND DANK

───────── ❧ ─────────

Es waren wohl einige der schönsten Gärten, die ich während der Arbeit an diesem Buch erkundete, und überall wurde ich mit jener Hilfsbereitschaft und Gastfreundschaft empfangen, die Gärtnern angeboren zu sein scheint. Besonders danken möchte ich Amanda Beales (Peter Beales Roses), Mr. und Mrs. A. H. Chambers (Kiftsgate Court), Mr. und Mrs. Charles Hornby (Hodges Barn), Sheila Little (Claverton Manor), Lady Anne Rasch und Gwyn Perry (Obergärtner in Heale House), Lord und Lady Saye and Sele und Chris Hopkins (Obergärtner in Broughton Castle), David Stone (Obergärtner in Mottisfont Abbey) sowie Lord und Lady Tollemache (Helmingham Hall). Mein Dank gilt auch dem Gärtnerteam von David Austin Roses (insbesondere Mrs. Olwen Gaut), von La Bagatelle in Paris, Mannington Hall (Norfolk), La Roseraie de l'Haÿ-les-Roses und der Gardens of the Rose (St. Albans). Sehr dankbar bin ich Dr. Tony Lord, der mich erneut vor einigen schlimmen Fehlern bewahrte.

Große Hilfe bot mir auch der National Trust; ganz herzlich danken möchte ich insbesondere für die Erlaubnis, in dem großartigen Rosengarten in Mottisfont Abbey zu fotografieren.

Überaus dankbar bin ich meiner Frau Caroline, die auch dieses Mal meinen Text kritisch durchsah und verbessern half. Andrew Barron von Andrew Barron and Collis Clements Associates gestaltete mit dem ihm eigenen Geschick und Einfühlungsvermögen das Layout des Buches. Colin Webb und seine Kollegen von Pavilion Books erwiesen sich erneut als hilfsbereite und freundliche Ansprechpartner.

Sämtliche Fotos stammen von mir. Ich habe versucht, die Rosen so natürlich wie möglich darzustellen. Wenn da und dort Spuren von Mehltau oder Sternrußtau sichtbar sind, liegt das nun einmal wie welke oder verfärbte Blüten in der Natur der Pflanzen.

Patrick Taylor
Wells, Somerset

EINFÜHRUNG

❧

Viele Gärtner und Gartenliebhaber haben im Hochsommer, wenn die Luft mit Rosenduft erfüllt ist, die größte Freude an ihrem Garten. Rosen sind besonders vielseitige Pflanzen, und so habe ich für dieses Buch jene ausgewählt, die mir für die verschiedensten Verwendungsmöglichkeiten als besonders geeignet erscheinen: Rosen für formale Beete, hohe Mauern, Kübel und Hecken, Gemischte Rabatten oder hohes Gras in einem Obstgarten. Dabei kam es mir vor allem auf die Schönheit und den Charakter der Blüte, den Duft, das Laub und den Wuchs an, aber auch – und das ist vielleicht sogar ihr größter Vorzug – auf die Fähigkeit der jeweiligen Rose, sich harmonisch in andere Bepflanzungen einzufügen und so das Bild eines Gartens als Ganzes zu prägen.

In der Vergangenheit wurden Rosen oft ausschließlich in einem vom Haus abgelegenen Rosengarten gezogen, den man außerhalb der Blütezeit fast nicht betrat. Der Gärtner von heute verwendet sie jedoch mit Vorliebe in Verbindung mit anderen Pflanzen in Hausnähe und bekräftigt damit zugleich, wie gut Rosen mit anderen Partnern harmonieren.

Gewiß habe ich für dieses Buch eine persönliche Auswahl getroffen, aber bei der Beschreibung der spezifischen Eigenschaften jeder Rose versuche ich zu erklären, warum sie mir gefällt und inwiefern sie sich im Garten bewährt. Im allgemeinen kommen die sogenannten Alten Rosen oder die neuerdings in dieser Tradition gezüchteten meinen Vorstellungen am nächsten. Allein die Tatsache, daß so viele Zuchtformen von früher noch heute oder wieder kultiviert werden, deutet auf Vorzüge hin, die nach wie vor geschätzt werden. Ein Großteil der neueren Züchtungen ist für meinen Geschmack ausgesprochen häßlich. Hinzu kommt, daß sie sich kaum mit anderen Pflanzen kombinieren lassen. Das hat nichts damit zu tun, daß die heutigen Rosenzüchter nicht selten glänzende Einzelerfolge vorweisen können. Rosen für jeden Gartenfreund finden sich beispielsweise unter den Züchtungen des Hauses Kordes in Deutschland oder bei David Austin in England.

Ich betrachte es übrigens nicht als Nachteil, daß die meisten der hier aufgeführten Rosen lediglich einmal im Juni blühen, macht doch oft die flüchtige Schönheit ihren eigentlichen Reiz aus. Dennoch weiß ich natürlich, daß die Besitzer kleiner Gärten nur für wenige Rosen Platz haben. Sie wünschen öfterblühende Sorten, die nicht nur gut duften, sondern auch schönes Laub und möglichst noch dekorative Früchte bilden.

Im folgenden beleuchte ich kurz die Geschichte und Klassifikation der Rosen, bevor ich allgemein auf ihre Kultur und Verwendung im Garten sowie auf bewährte Partnerpflanzen eingehe. Im Hauptteil des Buches beschreibe ich im einzelnen die besonderen Eigenschaften und Vorzüge jeder Rose; darauf folgen gezielte Vorschläge zur Verwendung sowie erprobte Pflanzenkombinationen. Ich hoffe, daß der meist durch Farbfotos veranschaulichte Text dem Leser nicht nur bei der Wahl geeigneter Rosen für seinen Garten hilft, sondern auch zeigt, wie diese am besten zur Geltung kommen.

Zur Geschichte der Rosen

Wildrosen sind ausschließlich auf der Nordhalbkugel heimisch, und zwar vorwiegend in den gemäßigten Klimazonen. Man kennt 100 bis 150 Arten. Die Gattung *Rosa* gehört zur umfangreichen Familie der Rosaceae, die außer den bekannten Obstarten Apfel, Birne und Pflaume usw. bewährte Gartenpflanzen wie *Alchemilla*, *Cotoneaster*, *Crataegus*, *Potentilla*, *Sorbus*, *Spiraea* und viele andere umfaßt.

Sehr früh schon nahm die Rose eine Sonderstellung ein. Immer wieder erscheint sie in der klassischen Literatur und Mythologie. Mit dem aufkommenden Christentum wurde die Rose zum moralischen Symbol: Sinnbild des Vollkommenen, das sich nur durch Überwinden der „Dornen" erlangen ließ. Ihre fünf Blütenblätter standen für die fünf Sinne, die es auf dem Weg zur ewigen Seligkeit zu bezwingen galt. Die Rose wurde aber auch zum Symbol der Jungfrau Maria, und als solches erscheint sie auf den reizenden Miniaturen flämischer Maler des 15. Jahrhunderts, auf denen die Madonna inmitten eines Gartens dargestellt ist und die zu den ältesten Bildern von Gärten der westlichen Welt gehören.

Obgleich sich die Botaniker recht früh schon mit der Rose befaßten – gewiß seit der Römerzeit –, und eine

Rosa 'Great Maiden's Blush', eine der ältesten Gartenrosen (15. Jahrhundert)

oder zwei Arten wie etwa *Rosa gallica* var. *officinalis* bereits vor der Renaissance nachgewiesen sind, sollten Rosen erst in der zweiten Hälfte des 18. Jahrhunderts die Gärten erobern. Im Jahre 1744 führte eine englische Gärtnerei, Lee & Kennedy, in ihrem Katalog 44 Rosen auf. Später war es nicht zuletzt das Verdienst der Kaiserin Josephine, Kundin von Lee & Kennedy, daß Rosen in Mode kamen. Als sie 1814 starb, umfaßte ihre Rosensammlung für den Garten von Schloß Malmaison bei Paris mehr als 250 Sorten.

Mit dem Siegeszug der Rosen im 19. Jahrhundert stieg die Zahl der Züchtungen sprunghaft an. Die im Jahre 1806 in England gegründete Gärtnerei Paul & Son in Hertfordshire brachte eine Flut von Gartenrosen in den Handel, von denen viele wie 'Goldfinch', 'Mermaid' und 'Paul's Scarlet' noch heute kultiviert werden. In Frankreich züchtete Antoine Jacques, Obergärtner des Herzogs von Orléans, um 1820 mehrere gute Sorten wie 'Adélaïde d'Orléans' und 'Félicité Perpétue', und so blieb Frankreich das ganze 19. Jahrhundert über führend in der Rosenzüchtung. In Deutschland wurde 1887 der noch heute bestehende Gartenbaubetrieb Kordes & Söhne gegründet, der viele hervorragende Rosen wie 'Iceberg', 'Max Graf' und die sogenannte Frühlings-Reihe auf den Markt brachte.

Auch im 20. Jahrhundert erscheinen laufend neue Rosen. Von den schätzungsweise 1500 Sorten, die heute im Handel sind, werden allerdings viele bald wieder aus den Zuchtbeeten verschwunden sein.

Zur Klassifikation der Rosen

Nahezu alle Rosensorten, die heute unsere Gärten schmücken, gehen auf eine geradezu unüberschaubare Vielfalt genetischer Einflüsse zurück. Obgleich Rosen entsprechend ihrer spezifischen Eigenschaften zu Gruppen zusammengefaßt sind – Gallica-Rosen, Alba-Rosen usw. –, verwischen sich die Grenzen dieser doch eher willkürlichen Einteilung. So stammt beispielsweise lediglich eine der Gruppen, die Gallica-Rosen, von einer einzigen, heute noch vorkommenden Wildrose ab, der *Rosa gallica*, und selbst in diesem Fall gab es gezielte und zufällige Kreuzungen mit Rosen anderer Gruppen. Außerdem läßt sich der genetische Einfluß der Gallica-Rosen auf die Bourbon- und Damaszener-Rosen, die Remontant-Rosen und Teehybriden eindeutig nachweisen.

Es ist also durchaus möglich, daß ein und dieselbe Rose von verschiedenen Sachverständigen unterschiedlichen Gruppen zugeordnet wird, während sich manche Rosen, wie einige der Züchtungen von Kordes und Austin im 20. Jahrhundert, überhaupt nicht in eine Gruppe einordnen lassen.

Dennoch ist zwischen den meisten Rosen einer bestimmten Gruppe eine mehr oder weniger große familiäre Ähnlichkeit erkennbar, und so habe ich für jede Rose den Namen der Gruppe aufgeführt. Diese Einteilung soll als Anhaltspunkt dienen und ist zumindest insoweit brauchbar, als sie einen Hinweis auf die unterschiedlichen Schnittmaßnahmen gibt.

Alba-Rosen

Die Alba-Rosen stammen von der Hybride *Rosa × alba*, die wahrscheinlich aus einer Kreuzung der in Europa heimischen Hundsrose, *Rosa canina*, und der Damaszener-Rose, *Rosa × damascena*, einer uralten Kulturrose entstanden ist. Charakteristisch für die Alba-Rose sind der starkwüchsige, bemerkenswert aufrechte und buschige Wuchs und schönes, graugrünes Laub. Mit bisweilen über 2,5 m Höhe gehört sie zu den größten Gartenrosen. Die in der Regel gefüllten Blüten sind auf Farbtöne von Weiß bis Rosa beschränkt. Zu den typischen Alba-Rosen, die ich in diesem Buch beschreibe, gehören die „Jacobiten-Rose" (*Rosa × alba* 'Alba Maxima'), 'Great Maiden's Blush', 'Königin von Dänemark' und 'Madame Plantier'.

Eine typische
Bourbon-Rose: *Rosa* 'Boule
de Neige'

Bourbon-Rosen

Die Bourbon-Rosen verdanken ihren Ursprung einer
Zufallskreuzung auf der Ile de Bourbon (heute: Ré-
union) im Indischen Ozean zwischen *Rosa × pallida*
'Odorata' (ehemals als 'Old Blush China' bekannt) und
der klassischen Damaszener-Rose, *Rosa × damascena
semperflorens*, die aufgrund ihrer Fähigkeit, mehr als
einmal zu blühen, als 'Autumn Damask' bekannt ist. Es
war die erste namhafte Kreuzung einer Rose aus China
mit einer aus der westlichen Welt. So entstand eine Rose
mit großen, gefüllten Blüten, köstlichem Duft und starker Wuchsfreude; überdies zeichnete sie sich als öfterblühende Rose aus. Aufgeführt habe ich 'Boule de
Neige', 'Madame Isaac Pereire' und die Kletterrose 'Zéphirine Drouhin'. Selbst die als Sträucher klassifizierten
Rosen haben oft so biegsame Triebe, daß sie sich als
Kletterrosen ziehen lassen.

Zentifolien

Die Zentifolien lassen sich mindestens bis ins 17. Jahrhundert zurückverfolgen. Damals waren sie nämlich ein
beliebtes Motiv in den Stilleben holländischer Maler. Sie

Knospen und Blüte der
Zentifolie *Rosa*
'Fantin-Latour'

gehören zu den Strauchrosen und haben, wie in ihrem
Namen bereits anklingt, gefüllte Blüten mit einem oft
außergewöhnlichen Duft. Viele klassische Zentifolien
werden noch heute kultiviert. Aufgeführt habe ich hier
'De Meaux', 'Fantin-Latour', 'Petite de Hollande' und
'Robert le Diable'.

China-Rosen
Sämtliche Chinensis-Rosen gehen auf Vorfahren aus
China zurück, die im ausgehenden 18. Jahrhundert in
den Westen eingeführt wurden. Ob Strauch- oder Kletterrosen – gemeinsam ist ihnen die Zartheit von Wuchs
und Blüte sowie die Fähigkeit, öfter zu blühen. Sie
gehören zu den kälteempfindlicheren Rosen, die auch in
milden Lagen auf Winterschutz angewiesen sind. Manche gedeihen in der Tat am besten in Töpfen, die man
frostfrei überwintert und im Sommer an einen geschützten Platz in die Sonne stellt. In diesem Buch
beschrieben sind 'Hermosa', *Rosa* × *odorata* 'Mutabilis'
und *Rosa* × *odorata* 'Pallida'.

Kletterrosen

Zu dieser Gruppe gehört eine unüberschaubare Vielfalt von Rosen unterschiedlicher Wuchskraft und mehr oder weniger langen, biegsamen Trieben, vor allem aber einer ausgeprägten Neigung zum Klettern. Als weniger starkwüchsige Kletterer sind hier 'Céline Forestier', 'City of York' und 'Constance Spry' aufgeführt. Unter den meist aus Ostasien stammenden extrem wuchsfreudigen und stark rankenden Rosen beschreibe ich 'Albéric Barbier', 'Albertine', 'Phyllis Bide' und 'Sanders' White'.

Damaszener-Rosen

Die Bezeichnung Damaszener-Rosen ist von der klassischen Hybride, *Rosa × damascena*, abgeleitet, die seit dem 16. Jahrhundert bekannt ist. Die heutigen Damaszener-Rosen verdanken ihre Fähigkeit öfter zu blühen einer besonderen Form, der *Rosa × damascena semperflorens*. Es sind mittelgroße Sträucher, die kaum mehr als 1,5 m Höhe erreichen und die typischen gefüllten Blüten in verschiedenen Weiß- und Rosatönen hervorbringen. Beinahe alle duften sehr gut. Unter anderem sind hier 'Belle Amour', 'Celsiana' und 'Madame Hardy' aufgeführt.

Floribunda-Rosen

Diese auch als büschelständige Rosen bekannte Gruppe umfaßt die neueren Strauchrosen, die alle ausdauernd blühen und ihre Blüten in vieltriebigen Büscheln hervorbringen. Ansonsten unterscheiden sie sich in vielem ganz beträchtlich voneinander. Beschrieben sind unter anderem 'Gruß an Aachen', 'Iceberg' und 'White Pet'.

Gallica-Rosen

Die *Rosa gallica* ist als Wildrose in Europa weit verbreitet. Sie hat ziemlich große, ungefüllte Blüten (Durchmesser bis zu 9 cm), deren kräftiges Rosarot zur Mitte hin fast zu Weiß verblaßt. Die Blätter sind dekorativ gefältelt und gebogen und haben fein gezähnte Ränder. Diese Rose bildet einen aufrechten Strauch mit sehr feinen Stacheln. Sie diente als Zuchtgrundlage für *Rosa gallica* 'Versicolor', eine der ältesten noch bestehenden Gartenformen. Auch als 'Rosa Mundi' bekannt, wurde sie 1583 von dem Botaniker Clusius beschrieben. Nahezu alle Gallica-Rosen, die man heute in den Gärten sieht, gehen auf französische Züchtungen des 19. Jahrhunderts zurück. Die Rosensammlung der Kaiserin Josephine in Schloß Malmaison soll mehr als 160 Sorten umfaßt haben. In diesem Buch finden sich u. a. Beschreibungen von: 'Assemblage des Beautés', 'Belle de Crécy', 'Camaïeux', 'Charles de Mills' und 'Tuscany Superb'. Das Spektrum der für Gallica-Rosen charakteristischen Blütenfarben reicht von Rosa bis zu ganz kräftigem Kastanienrot – Weiß ist nicht vertreten. Die Blüte ist ziemlich flach und meist gefüllt. Manche Gallica-Rosen fallen durch ziemlich lichten und lockeren Wuchs auf, was auf andere Einflüsse, nicht aber das „Gallica-Erbe" zurückzuführen ist. Gallica-Rosen blühen lediglich einmal im Sommer.

Moschata-Hybriden

Die Moschata-Hybriden stellen insofern eine ungewöhnliche Gruppe von Rosen dar, als sie das Werk eines einzelnen Züchters sind: des Engländers Joseph Pemberton. Eine seiner Quellen war die Rose 'Trier', die 1904 von dem Gärtner Peter Lambert gezüchtet wurde. Allen Moschata-Hybriden gemeinsam ist der ausgezeichnete Duft und die Fähigkeit, die ganze Saison über zu blühen. Ich beschreibe in diesem Buch u. a. 'Buff Beauty', 'Cornelia', 'Felicia' und 'Penelope'.

Remontant-Rosen

Die Remontant-Rosen entstanden Mitte des 19. Jahrhunderts, als es den Rosenzüchtern gelang, eine neuartige Rose hervorzubringen, die nach dem ersten Flor im Juni wiederholt blüht. Viele der damals eingeführten Sorten sind noch heute in Gärten zu sehen. Zahlreiche verschiedene Rosen waren an den Kreuzungen beteiligt; dennoch ist das charakteristische Merkmal, ausdauernd zu blühen, das Erbteil der China-Rosen. Obgleich Remontant-Rosen Strauchrosen sind, eignen sich einige aufgrund ihrer hoch aufgeschossenen Triebe besser zum Klettern. Traditionell wurden in der Vergangenheit die langen, biegsamen Triebe der Remontant-Rosen niedergehakt, um die Blütenbildung an den Seitentrieben zu fördern. Beschrieben sind in diesem Buch u. a. 'Baron Girod de l'Ain', 'Baronne Prévost', 'Le Havre' und 'Souvenir du Docteur Jamain'.

Teerosen-Kreuzungen

Die im ausgehenden 19. Jahrhundert eingeführten Teerosen-Kreuzungen stellen die beliebteste Rosengruppe dar. Sie haben meist große Blüten in allen erdenklichen Farben, kräftiges Laub und blühen die ganze Saison über. Dabei handelt es sich zwar überwiegend um Strauchrosen, ein paar wenige haben aber kletternde Sports hervorgebracht. Zu den hier beschriebenen Teerosen-Kreuzungen zählen 'Étoile de Hollande', 'Lady Waterlow', 'Madame Caroline Testout' und 'Mrs. Herbert Stevens'.

Moosrosen

Die eigenartigen Moosrosen entstanden durch eine Züchtung der Provence-Rose, *Rosa × centifolia*, die eine auf das 16. Jahrhundert zurückgehende Gartenhybride ist. Die seit 1700 bekannte „Old Pink Moss", *Rosa × centifolia* 'Muscosa', eine der ältesten noch bestehenden Rosenzüchtungen, fällt durch seltsam bemooste Triebe und Blütenknospen auf.

Zu den Moosrosen, die ich beschreibe, gehören *Rosa × centifolia* 'Cristata', 'Madame Delaroche-Lambert', 'Nuits de Young' und 'Salet'. Von der moosartigen Umhüllung abgesehen, bringen alle Rosen dieser Gruppe gefüllte Blüten hervor. Das Farbspektrum reicht von Weiß bis zu ganz dunklem Karmesinrot. Manche sind öfterblühend.

Noisette-Rosen

Die Noisette-Rosen wurden im frühen 19. Jahrhundert von dem von Frankreich nach Nordamerika ausgewanderten Gärtner Philippe Noisette aus Charleston, Süd-Carolina, entwickelt. Zu dieser Gruppe gehören neben den Strauchrosen auch die Kletterrosen 'Blush Noisette', 'Claire Jacquier' und 'Madame Alfred Carrière'. Alle duften sehr süß und blühen mehrfach.

Polyantha-Rosen

Die Polyantha-Rosen gehen auf das ausgehende 19. Jahrhundert zurück. Es sind Strauchrosen – auch der eine oder andere kletternde Sport ist darunter –, die sehr ausdauernd blühen, dafür aber kaum duften. Zu den hier beschriebenen Polyantha-Rosen gehören 'Cécile Brunner' und 'Mevrouw Nathalie Nypels'.

Eine typische
Portland-Rose: *Rosa*
'Marchesa Boccella'

Portland-Rosen

Die Portland-Rosen sind zu Beginn des 19. Jahrhunderts entstanden. Stark beeinflußt von *Rosa gallica*, bilden sie mittelgroße bis kleine Büsche mit häufig gut duftendem, öfterblühendem Flor. Zu den in diesem Buch beschriebenen Portland-Rosen gehören 'Comte de Chambord', 'Marchesa Boccella' und *Rosa* 'Portlandica'.

Wildrosen

Unter den Wildrosen finden sich die schönsten und genügsamsten Gartenpflanzen. Ich führe hier *Rosa bracteata*, *Rosa glauca*, *Rosa moyesii*, *Rosa villosa* und einige andere auf. Viele von Kordes gezüchtete Rosen, insbesondere die sogenannte Frühlings-Reihe, haben sowohl in der Erscheinung als auch in bezug auf Krankheitsresistenz den Charakter von Wildrosen.

Teerosen

Die Teerosen gehen auf das 19. Jahrhundert zurück, als eine Bourbon-Rose mit der China-Rose 'Hume's Blush Pink' gekreuzt wurde. Es sind sowohl Strauch- als auch Kletterrosen, die sich oft durch große Blüten und köstlichen Duft auszeichnen. Unter den hier beschriebenen sind 'Gloire de Dijon', 'Lady Hillingdon, Climbing' und 'Sombreuil, Climbing'.

Zur Kultur und Pflege der Rosen

Wenige Gärten bieten die in Büchern so warm emp-
fohlenen, idealen Voraussetzungen für die Kultur von
Rosen. Ein luftiger Standort, gut drainierter, fruchtbarer
Boden, viel Licht, weder extrem saure noch extrem
alkalische Erde – alles vorzügliche Empfehlungen, die
sich aber dennoch kaum in die Tat umsetzen lassen.
Überdies haben wohl die meisten Gartenliebhaber den
Wunsch, auch andere Pflanzen zu ziehen, die nicht die
gleichen Ansprüche stellen wie Rosen. Viele Gartenfreunde haben herrliche Rosen erlebt, die sehr blühfreudig und gesund sind, obwohl sie mit wenig Pflege und
ohne viel Aufhebens gepflanzt wurden. Dennoch werden Rosen auf die Dauer besser gedeihen, wenn man
ihnen ein Minimum an Aufmerksamkeit gönnt. Aber
das ist ein umfassendes Thema, und so werde ich mich
hier lediglich auf einige Anregungen beschränken.

Rosen werden das ganze Jahr hindurch als Container-
pflanzen angeboten, können im Winter aber auch mit
nackten Wurzeln von Gärtnereien bezogen werden.
Das Pflanzloch, das man für eine neue Rose aushebt,
sollte einen Durchmesser von 45 cm haben und etwa
halb so tief sein – gerade tief genug für die Wurzeln, die

in der Regel eher zu einer Seite hin wachsen als gerade nach unten. Am besten lockert man die Erde an der Basis des Pflanzlochs auf. Falls es sich um eine veredelte Rose handelt, sollte die Verbindungsstelle zwischen Pflanze und Unterlage genau in Bodenhöhe oder ganz knapp darunter liegen. Nachdem man die Wurzeln ausgebreitet hat, wird mit guter, komposthaltiger Erde aufgefüllt und außer etwas Knochenmehl (eine halbe Handvoll pro Rose genügt) grober Sand hinzugegeben, um das Wurzelwachstum zu fördern. Während man das Loch füllt, schüttelt man die Pflanze immer wieder leicht, damit keine Hohlräume entstehen und die Erde die Wurzeln richtig umschließt. Zuletzt wird die Erde festgetreten.

Obgleich man eine Container-Rose das ganze Jahr hindurch pflanzen kann, erleichtert man ihr den Start, wenn man sie wie eine Rose ohne Wurzelballen in der Keimruhe pflanzt. Zum Pflanzen darf der Boden weder staunaß noch gefroren sein. Außerdem empfiehlt es sich, sowohl Container-Rosen als auch Rosen mit nackten Wurzeln vor dem Pflanzen in einen Eimer mit Wasser zu stellen. Nicht ratsam ist es, eine neue Rose ohne Vorsichtsmaßnahmen an einen Platz zu setzen, wo vordem bereits eine Rose stand. Die neue Rose würde ansonsten womöglich unter der „Rosenmüdigkeit" leiden – einer komplexen physiologischen Krankheit, für die Rosen besonders anfällig sind. Um die neue Rose davor zu schützen, muß eine beträchtliche Menge Boden, mindestens 30 l, ausgehoben und sterilisiert oder durch frische Erde ersetzt werden.

Eine ein Jahr alte Pflanze sollte nach dem Pflanzen bis auf 5 cm zurückgeschnitten werden. Die meisten Container-Pflanzen sind mindestens zwei Jahre alt. Hier empfiehlt es sich, die starken Triebe bis auf 10 cm, und die schwächeren auf 5 cm zurückzuschneiden. An einer Mauer gezogene Kletterrosen setzt man mindestens 30 cm von der Mauer entfernt, damit die Wurzeln nicht unter Trockenheit leiden.

Sobald die Rose richtig angewachsen ist, profitiert sie von regelmäßigen Düngergaben. Besonders die öfter- oder ausdauerndblühenden Rosen sind auf reichlich Dünger angewiesen. Zu Beginn des Frühjahrs sorgt eine dicke Mulchschicht aus gut verrottetem Kompost und etwas Knochenmehl, das mit dem Rechen eingearbeitet wird, für einen guten Start. In der Gemischten Rabatte müssen Rosen die Nährstoffe mit anderen Pflanzen teilen, so daß reichliches Düngen Voraussetzung für gutes Wachstum ist. Blattdünger hat sich bewährt, sollte aber auf dem Höhepunkt der Blüte abgesetzt werden. Er fördert nämlich die übermäßige Bildung fleischiger Triebe, die anfällig für Nachtfröste sind.

Krankheiten

Das Thema Krankheiten ist zu umfassend, als daß es in diesem Buch eingehend behandelt werden könnte. Manche Gärtner sprühen ihre Rosen wöchentlich die ganze Saison hindurch. Andere wiederum, einschließlich mir, haben Angst vor zu viel Chemie im Garten, und überlassen es den Rosen, eigene Widerstandskräfte zu entwickeln, zumal eine kräftige, sachgemäß gedüngte und richtig gepflegte Pflanze längst nicht so anfällig für Krankheiten ist. Obgleich meine Rosen schon dick mit Mehltau und Sternrußtau überzogen waren, bin ich der Ansicht, daß so etwas kommt und geht. Abgesehen von dem unschönen Bild der Blätter, scheint nämlich das Gedeihen der Pflanze nicht beeinträchtigt zu werden –

Kunstvolles Schneiden und Erziehen am Beispiel von La Roseraie de l'Haÿ

Die Kletterrose 'Paul's
Scarlet Pillar', meisterhaft
ausgerichtet und
geschnitten im Parc de la
Tête d'Or, Lyon

jedenfalls kann ich mich nicht erinnern, daß in meinem Garten jemals eine Rose eingegangen ist.

Schnittmaßnahmen

Das Thema Pflanzenschnitt scheint so manchen Gartenfreund sehr stark zu beschäftigen, und es ist letztlich eine Frage des Temperaments, ob daraus ein Kinderspiel oder eine komplizierte Prozedur wird. Einzig wichtig ist aber, den Sinn des Schneidens überhaupt zu verstehen. Da in der Natur Rosen schließlich nicht geschnitten werden, fragt man sich zu Recht nach dem Grund dieser Maßnahme. Für den Schnitt von Gartenrosen sprechen aber vier wichtige Argumente: Erstens fördert das Ausschneiden welker Blüten bei öfterblühenden Rosen die Bildung weiterer Blüten. Zweitens wird durch das Entfernen schwacher oder blühunwilliger Triebe an der Basis der Pflanze bzw. durch den Rückschnitt kräftiger Triebe die Entwicklung von neuem, blütentragendem Holz im darauffolgenden Jahr angeregt. Drittens wird die Pflanze durch das Ausschneiden unansehnlicher, toter oder beschädigter Triebe ausgeputzt, was sich zugleich vorbeugend gegen Krankheiten auswirkt. Viertens trägt man durch Auslichten, Formieren oder Zurückschneiden allzu großer Sträucher zu einem schöneren Wuchsbild bei.

Handbücher über Pflanzenschnitt enthalten Diagramme, die den idealen Winkel und die richtige Stelle für den Schnitt zeigen – unmittelbar über einem nach außen weisenden Auge oder Schoß. Aber viele Gartenfreunde werden bereits die Erfahrung gemacht haben, daß es schwierig ist, dieses nach außen weisende Auge genau da zu finden, wo sie schneiden würden. Außerdem hat eine neuere Untersuchung gezeigt, daß mit dem Heckenschneider geschnittene Strauchrosen sich ebenso gut entwickeln wie die nach klassischen Regeln sorgfältig von Hand geschnittenen.

Als erstes gilt es abzuklären, ob eine bestimmte Rose überhaupt geschnitten werden muß. Entscheidend dafür ist der Charakter der Pflanze. Wildrosen beispielsweise oder die zur sogenannten Frühlings-Reihe gehörenden wildrosenähnlichen Rosen verdanken einen Großteil ihrer Schönheit der natürlichen Anmut und Wuchsform. Da diese Betrachtungsweise absolut Vorrang hat, kann es hier lediglich um ein Ausschneiden

Eine blühfreudige und
schön gewachsene
Portland-Rose: 'Comte de
Chambord' – ein Ergebnis
sachgemäßen Schnitts

toter oder beschädigter Triebe gehen. Im übrigen bilden diese Rosen sehr dekorative Hagebutten, die durch den Schnitt verloren gingen.

Wann wird geschnitten? Entscheidend dafür ist einzig und allein, ob die Rose am zweijährigen oder einjährigen Holz blüht. Rosen, die lediglich einmal blühen, bilden die Blüten am zweijährigen Holz, während öfterblühende Rosen zwangsläufig am Holz des laufenden Jahres blühen. Einmalblühende Strauchrosen (zu denen beispielsweise Alba-Rosen, Zentifolien, Damaszener-Rosen und Gallica-Rosen gehören) sollten nach der Blüte geschnitten werden, um den Austrieb neuer Blütentriebe für das folgende Jahr anzuregen. Dabei beläßt man es am besten bei einem leichten Schnitt, um schwache Triebe zu entfernen und zu dichten Wuchs zu vermeiden. Ein allzu rigoroser Rückschnitt fördert den übermäßigen Austrieb saftführender, neuer Triebe, die für die ersten Fröste sehr anfällig sind. Öfterblühende Rosen (dazu gehören beispielsweise Bourbon-Rosen, Moschata-Hybriden, Remontant-Rosen, manche Moos- und Portland-Rosen) sollten gegen Winterende oder zu Beginn des Frühjahrs geschnitten werden. Es empfiehlt sich, nicht nur dünne oder schwache Triebe auszuschneiden, sondern auch zu dicht stehende und insbesondere solche, die sich gegenseitig aufscheuern zu entfernen. Kräftigere Triebe lassen sich auf ein Drittel einkürzen, um eine vermehrte Blütenbildung anzuregen. Dabei achte man stets darauf, daß die natürliche Wuchsform erhalten bleibt und nicht zuviel geschnitten wird – das gilt grundsätzlich für jeden schön gewachsenen Strauch. Lediglich Teehybriden und andere neuere Rosen, die mehr oder weniger ausgeprägt ununterbrochen blühen, sollten im späten Winter stark geschnitten werden, d.h. daß mindestens zwei Drittel des vorjährigen Holzes entfernt werden. Daraus ergeben sich häufig eigenartig aussehende Pflanzen, deren Blüten im Verhältnis zu ihrer Größe viel zu wuchtig erscheinen, aber da sich Teehybriden insbesondere durch Blütenfülle auszeichnen, sollte man sie im Zaum halten, weil sie ansonsten zu einem ziemlich unförmigen Strauch heranwachsen.

Der Schnitt von Kletterrosen richtet sich nach den gleichen Prinzipien. Die lediglich einmal an den Trieben des Vorjahrs blühenden Kletterrosen sollten, wenn überhaupt, nach der Blüte geschnitten werden. Die öfterblühenden Kletterer – zu ihnen gehören Noisette-Rosen, Teehybriden, kletternde Teerosen und Remontant-Rosen, die entweder kletternde Sports haben oder als Kletterrosen verwendet werden – blühen am einjährigen Holz und werden deshalb am besten im späten Winter zurückgeschnitten. Bei den stark rankenden und extrem wuchsfreudigen Kletterrosen erübrigen sich – vom Entfernen toter Triebe abgesehen – Schnittmaßnahmen, es sei denn, man müßte sie aus Platzgründen eindämmen. Die weniger starkwüchsigen Kletterrosen sind indes auf einen ganz sorgfältigen Schnitt angewiesen. Sobald sich ein „Gerüst" kräftiger Triebe gebildet hat, sollten die an den Hauptstämmen stehenden Seitentriebe oder sämtliche Schosse, die im Vorjahr geblüht haben, im späten Winter um zwei Drittel eingekürzt werden.

Das Ausrichten von Kletterrosen

Jeder Gartenliebhaber kennt wohl die phantastischen Schaubilder aus Gartenbüchern, die zu vollendeten Fächern erzogene Kletterrosen zeigen. Ich habe das nie geschafft, und es scheint selbst erfahrenen Rosenex-

Mit Weide aufgebundene
Kletterrose in La Roseraie
de l'Haÿ

perten in renommierten öffentlichen Rosengärten nicht
zu gelingen. Dennoch ist es erstrebenswert, möglichst
viele horizontale oder annähernd horizontale Triebe zu
gewinnen, um einerseits die Mauer zu kaschieren und
andererseits auf diese Weise eine größere Zahl reichblühender Triebe zu erhalten.

Kletterrosen sind auf eine entsprechende Stütze angewiesen. An einer Mauer bieten starke, im Abstand von
30 cm horizontal gespannte Drähte, die durch Ring-
schrauben geführt werden (auf eine Länge von jeweils
etwa 3 m regelmäßig angebracht), eine große Hilfe. Um
die Rosen an den Drähten aufzubinden, verwendet man
nicht einschneidende Gartenschnur, niemals Nylon
oder gar kunststoffverkleideten Draht, der nicht nur
häßlich aussieht, sondern auch die neuen Triebe ein-
schnüren kann. In traditionsreichen französischen Gärten wie La Roseraie de l'Haÿ binden die geschickten
Gärtner die Rosentriebe noch immer mit kurzen Wei-
denruten fest.

Eine Mauer oder ein stabiler Zaun bieten frostempf-
findlicheren Rosen Windschutz und speichern die Son-
nenwärme. Diesen Schutz bietet weder eine Pergola
noch eine Laube – falls ein Garten in kalter Lage stark
dem Wind ausgesetzt ist, kommen für so exponierte
Stellen nur robustere Rosen in Frage. Auch die Farbe
einer Mauer oder eines Zauns beeinflußt das Erschei-
nungsbild der Rose davor. Kalksteinmauern in gelben
oder gelblich braunen Tönen bilden einen großartigen
Hintergrund für creme-, aprikosenfarbene oder gelbe

Bild gegenüber: 'Iceberg,
Climbing' an einer alten
Kalksteinmauer

Rosen in herrschaftlichem
Ambiente: Stilvoller
Rahmen für eine Statue in
La Roseraie de l'Haÿ

Rosen, während roter Backstein als Kulisse für bestimmte rote Rosen geradezu häßlich wirkt. In hol-
ländischen und französischen formalen Gärten sind die
Holzspaliere oft ganz dunkelgrün, fast schwarz gestri-
chen – ein Hintergrund, der zu vielen Farben paßt.

Viele der kleineren Kletterrosen und manche der
biegsameren Strauchrosen bilden, an einer vertikalen
Stütze gezogen, vorzügliche Beetpflanzen. Im Handel
gibt es ein breites Angebot geeigneter Kletterpyramiden
aus Metall oder Holz, konischer Klettersäulen, einfa-
cher Pfosten und anderer Stützen. Es ist nicht ganz
einfach, diese Rosen aufzubinden und zu schneiden,
insbesondere im Sommer, wenn sie dicht von anderen
Pflanzen umgeben sind. Aber Rosen kommen auf diese
Weise als vertikales Element großartig zur Geltung. In
den bedeutenden formalen Rosengärten Frankreichs,
wie La Bagatelle und La Roseraie de l'Haÿ, sind die
Rosen über Spalierbögen gezogen, um eine große Vase
oder Statue einzurahmen. Diese prächtigen Gärten bieten auch für kleine Gärten eine Fülle anregender Bei-
spiele.

**Begleitpflanzen
für Rosen**

Es gehört zum besonderen Reiz von Rosen, daß sie mit
den meisten anderen Gartenpflanzen harmonieren. Dabei passen bestimmte Pflanzen besonders gut zu Rosen,

Wiesensalbei, ein
prächtiger Partner für
Rosen, hier mit der
Remontant-Rose 'Sidonie'

und auf diese Partner werde ich im Hauptteil dieses
Buches in den Beschreibungen der einzelnen Rosen ein-
gehen. In der Einführung möchte ich mich eher allgemein zu einigen der wertvollsten und anpassungs-
fähigsten Begleitpflanzen äußern.

Schmucke, kleine Pflanzen, die vor Strauchrosen gepflanzt werden, verbergen den Teil der Pflanzen, der
selten eine Zierde darstellt – die staksigen Triebe an der
Basis. Die Auswahl an Stauden und zierlichen Sträuchern ist groß: das kriechende Hornveilchen (*Viola cornuta*), Nelken (Züchtungen von *Dianthus*), irisähnliches
Sisyrinchium striatum, *Heuchera* 'Palace Purple' oder der
winterharte Schöterich, *Erysimum* 'Bowles Mauve',
werden dieser Aufgabe bewundernswert gerecht. Unentbehrlich sind die krautigen *Geranium*-Arten, wobei
sich die niedrigeren besonders gut eignen. *Geranium
endressii* 'Wargrave Pink' hat herrlich tiefrosa Blüten, *G.
sanguineum* 'Album' zierliche, weiße Blüten und rankende Triebe, *G. × oxonianum* 'Claridge Druce' rosarote
Blüten und eine sehr lange Blütezeit. Es gibt aber noch
viele andere hervorragende Begleiter für Rosen.

Auch einjährige Pflanzen bilden einen hübschen Vordergrund für Rosen. *Nigella damascena* (Jungfer im

Weißer Fingerhut als vorzügliche Begleitpflanze. Hier steigen die Blütentrauben zwischen der Rose 'Bourbon Queen' auf

Grünen) wirkt als Unterpflanzung sehr schön, ebenso Gedenkemein (*Omphalodes linifolia*), zumal beide in milden Lagen von selbst aussamen. Die rote Gartenmelde (*Atriplex hortensis* 'Rubra') ist hübsch, und obwohl Petunien (*Petunia × hybrida* – gewöhnlich als Einjährige gezogen, aber in Wirklichkeit ausdauernd) in meinen Augen ziemlich derb wirken, und überdies in teilweise haarsträubenden Farbkombinationen angeboten werden, finden sich darunter brauchbare Rosa-, Rot- und prächtige Purpurtöne. Der Ziertabak, *Nicotiana langsdorfii,* paßt besonders gut zu gelben und cremefarbenen Rosen.

Pflanzen mit schlanken, farblich anpassungsfähigen Blütentrauben, die etwa genau so hoch werden wie Rosensträucher, sind besonders wertvoll – so etwa der krautige Wiesensalbei (*Salvia pratensis*), die Jakobsleiter (*Polemonium caeruleum*), die weiße Form des zweijährigen Fingerhuts (*Digitalis purpurea albiflora*) oder eine der ausdauernden Fingerhutarten, z. B. der hellgelbe *Digitalis grandiflora.* Sehr gut bewährt haben sich auch Glockenblumen: die violettblaue *Campanula persicifolia* und die weiße Form *C. p.* 'Album', die großzügig aussamen, sind prächtige Begleitpflanzen.

Purpurblättriger Fingerhut und die magentaroten Blüten von *Geranium psilostemon* bilden harmonische Partner für die rosa Rose 'Queen Mary'

Mittelgroße Sträucher verbergen nicht nur die wenig anmutige Basis der Rosen, sie bieten den biegsameren Trieben auch nachbarliche Stütze und bilden oft einen reizvollen Blüten- und Laubkontrast. Die verholzenden Salbeiarten sind für diesen Zweck wie geschaffen, sowohl der Gartensalbei (*Salvia officinalis*) als auch die purpurblättrige Form, *S. o.* 'Purpurascens' oder *S. lavandulifolia*. Der Echte Lavendel (*Lavandula angustifolia*) gehört zu den besten Begleitern für Rosen, sowohl als naturnah wachsende Hecke als auch in der Rabatte. *Cistus*-Arten mit den oft aromatisch duftenden Blättern harmonieren gut mit Rosen, und auch das silbergraue Laub von Artemisien verbindet sich mit den meisten sehr hübsch. Die pflaumenfarbenen, rund-ovalen Blättchen von *Berberis atropurpurea* 'Nana' wirken sehr hübsch zu roten und purpurnen Rosen. *Artemisa* 'Powis Castle' ist etwas frostempfindlich, aber sehr schön. *A. absinthium* 'East Lambrook' ist größer und bildet einen duftig pastellgrauen Hintergrund. Ein besonders wirkungsvoller Kontrast entsteht durch reine Magenta- oder Rottöne.

Einige der größeren Sträucher eignen sich besonders gut als Hintergrund für Rosen. Züchtungen des *Cotinus*

In Mottisfont Abbey
säumen Lavendelhecken
den Weg zu einem
rosenumrankten
Bogengang

coggygria mit intensiv pflaumenviolettem Laub wie *C. c.* 'Royal Purple' sind als Kulisse für Rot- und Purpurtöne ebenso unentbehrlich wie der purpurlaubige Hasel, *Corylus maxima* 'Purpurea', mit größeren Blättern. Beide lassen sich übrigens jedes Jahr zurückschneiden; sie bringen dann nicht nur größere Blätter hervor, sondern lassen sich auf diese Weise in kleineren Gärten im Zaum halten. Die schmalen, grauen Blätter von *Elaeagnus* 'Quicksilver' bilden für jede Rose einen prächtigen Hintergrund, insbesondere aber für Rosen mit rosa oder purpurnen Blüten.

Besonders empfehlenswert sind auch manche der ganz großen Stauden. Die Kardone (*Cynara cardunculus*) mit blendend silbergrauem Laub bietet nicht nur farblich einen fein abgestimmten Hintergrund, sondern verleiht der Rabatte auch eine ausgeprägt architektonische Wirkung. Der Purpurblättrige Fenchel, *Foeniculum vulgare* 'Purpureum', bringt eine Wolke sehr schönen, bronzefarbenen Laubs hervor – ein bezaubernder Anblick in Verbindung mit Purpur- und Rottönen. Die zweijährige Distel, *Onopordon arabicum*, wird minde-

Gegenüberliegende Seite:
Weißer Fingerhut, weiße
Jakobsleiter und Farne als
dekorativer Vordergrund
für *Rosa* 'Constance Spry'

Streng geschnittene
Buchshecken bilden einen
perfekten Rahmen für
üppig bepflanzte Rosen-
beete

stens 2,5 m hoch und wirkt mit dem großzügigen Blattwerk wie ein ausladender, silbergrauer Kandelaber –
sehr schön zu rosablühenden Rosen. Die größeren
Wolfsmilchgewächse wie *Euphorbia characias* ssp. *wulfenii* bieten mit ihrem dekorativen, blaugrünen Laub und
den gelbgrünen, Flaschenbürsten gleichenden Blütenköpfen einen außergewöhnlichen Blickfang, der die
Wirkung der Rosen unterstreicht.

Die mehr oder weniger starkwüchsigen Kletterrosen
sind oft auch ohne Begleitpflanzen sehr dekorativ. Dennoch sind andere Kletter- oder Rankpflanzen sowie im
Schutz einer Mauer gezogene, frostempfindliche Sträucher vielbewunderte Partner, die das malerische Bild
über lange Zeit ausdehnen. Obgleich Glyzinen – sowohl
Wisteria floribunda als auch *W. sinensis* – lange vor den
meisten Rosen blühen, kommen ihre dekorativen, gefiederten Blattwedel in Verbindung mit Rosen großartig
zur Geltung. *Buddleja crispa* gehört zu den schönsten im
Sommer blühenden Sträuchern, die sich dekorativ mit
Rosen verweben. Die blaßlila Blüten und das graue,
filzige Laub, das auf der Unterseite fast weiß ist, bilden –
entsprechend ausgerichtet – einen vorzüglichen Hintergrund für nahezu jede Farbe. Auch der frostempfind-

In großen Rabatten wirken an Stützen gezogene Kletterrosen sehr dekorativ. Hier rankt 'Rambling Rector' an einer Kletterpyramide

liche *Ceanothus × delileanus* 'Gloire de Versailles' mit süß duftenden, pastellblauen Blüten macht sich gut.

Das Geißblatt, in der Regel die Art *Lonicera periclymenum*, hat sich im Cottage-Garten als unentbehrliche Begleitpflanze für Rosen bewährt. Aber es gibt auch andere Formen, die weniger wuchern und zu Rosen genau den passenden Farbton beisteuern: Das chinesische Geißblatt, *Lonicera tragophylla*, hat schöne, große Blüten in bräunlichem Gelb, während die köstlich duftenden Blüten von *L. periclymenum* 'Serotina' durch eine heitere Kombination aus Rahmweiß und leuchtendem Purpurrot auffallen. *L. × brownii* 'Dropmore Scarlet' bringt von Juni bis zum Ende des Gartenjahrs leuchtend scharlachrote Blüten hervor. Auch die verschiedenen *Clematis*-Arten sind wunderbare Begleiter. Manche blühen vom Frühling bis zum Herbst; da sie in Farbe und Charakter ganz unterschiedlich sind, läßt sich die passende Ergänzung ganz leicht finden.

Zwei Arten von Reben sind auffallend dekorativ. *Vitis coignetiae* bildet große, rundliche Blätter, die im Herbst leuchtende Rostrot-und Gelbtöne annehmen. Sie passen am besten zu den dramatischeren, großblütigen Rosen. Die purpurfarbene Weinrebe, *Vitis vinifera* 'Purpurea', hat dunkles, pflaumenblaues Laub, das sehr gut mit roten oder purpurnen Blüten harmoniert.

Drei Pflanzen, die normalerweise für Hecken verwendet werden, unterstreichen die dekorative Wirkung von Rosen besonders gut. Eiben (*Taxus baccata*) bilden im Hintergrund einer großen Rabatte mit ihrem vollen, dunklen Grün einen hervorragenden Kontrast zu Rosen. Der Gemeine Buchs (*Buxus sempervirens*) und auch die schmalblättrige Züchtung *B. s.* 'Suffruticosa', stellen eine herrliche, sattgrüne Umrandung für Rosenrabatten dar. Das graue Laub und die duftenden, purpurvioletten Blüten des Lavendels (*Lavandula angustifolia*) wirken in Verbindung mit Rosen sehr dekorativ. Sowohl Buchs als auch Lavendel eignen sich gut, um die wenig ansehnlichen, unteren Triebe der Rosen zu kaschieren.

Soweit nun einige Pflanzen, welche die Schönheit von Rosen besonders hervorheben. Aber Rosen sind, was Gesellschaft anbetrifft, nicht anspruchsvoll. Es gehört wohl zu ihren größten Vorzügen, daß sie ebenso die Schönheit unzähliger anderer Gartenpflanzen unterstreichen.

STRAUCHROSEN

U nter Strauchrosen verstehe ich all die Rosen, die weder zum Klettern noch zum Ranken neigen. In Größe und Charakter unterscheiden sie sich beträchtlich – angefangen von den extrem großen und wildwachsenden Arten, wie der eindrucksvollen *Rosa moyesii*, die leicht 3 m hoch wird, bis zur Zwergform 'De Meaux', die kaum mehr als 60 cm erreicht. Auch im Habitus zeigen Strauchrosen auffallende Unterschiede. Manche sind ausgesprochen aufrecht im Wuchs, wie viele der Alba-Rosen, andere, wie die Rugosa-Züchtung 'Max Graf', bilden einen mindestens viermal so breiten wie hohen, ausladenden Busch. Das Spektrum der Blüten reicht von den außerordentlich großen, ungefüllten Schalen der Züchtung 'Frühlingsgold' mit einem Durchmesser von 10 cm bis zu den winzigen Rosetten von 'White Pet', die lediglich 4 cm messen. Die Palette der Blütenfarben umfaßt unendlich viele Weiß-, Rosa-, Rot- und Purpurtöne. Auch der Charakter des Laubes variiert stark. Das blasseste graue Laub zeigen die feinen, kleinen Fiederblätter der europäischen Wildrose, *Rosa fedtschenkoana*. Das Blattwerk von 'Nyveldt's White' glänzt wie poliertes Leder. Unterschiede gibt es auch in Hinblick auf Bestachelung, Fruchtbehang und Färbung der Triebe. Alles in allem ist es diese Vielseitigkeit, die Rosen zu unentbehrlichen Gartenpflanzen macht. Sie sind aber nicht nur an sich schön, sondern lassen sich auch harmonisch mit anderen Gartenpflanzen kombinieren. Dabei ergänzen sie eine besondere Bepflanzung durch den genau passenden Farbton, oder sie setzen gezielt Akzente durch ihre Gestalt.

Selbst für den kleinsten Garten findet man Strauchrosen, die sich gut in das Gesamtbild einfügen. Für ein kleines Beet eignen sich die vielen Zwergrosen, deren Details so harmonisch auf die Größe abgestimmt sind, daß sich in einem kleinen Garten die gleiche Wirkung erzielen läßt wie mit einer wesentlich größeren Rose in einem großen Garten. In einem kleinen Garten in der Stadt bieten sich kleinere Rosen etwa für ein Beet neben dem Sitzplatz an – so kann man sich nicht nur am Duft, sondern auch an der Schönheit der Pflanze im einzelnen freuen. Öfterblühende Rosen haben sich für diesen Bereich besonders gut bewährt, zumal mehrere zur Auswahl stehen.

Rosa 'Abbotswood'

Sie ist durch Kreuzung zwischen der in Europa heimischen Hundsrose, *Rosa canina*, und einer unbekannten Gartenrose entstanden. Obgleich sie die Wuchskraft und den Charakter der Wildrose zeigt, bringt sie im Mai-Juni sehr zarte Blüten (Durchmesser 6 cm) hervor. Sie öffnen sich aus eleganten, spitz zulaufenden Knospen und sind leuchtend rosarot, halbgefüllt, mit über-

Ursprung: England (Hilling) 1954
Höhe: 3 m
Härtezone: 3
Bezugsquellen: 5, 18

lappenden Blütenblättern und einem Wirbel kleinerer Kronblätter in der Mitte. Mit der Art gemeinsam haben sie den süßen Duft. Diese Rose bringt unzählige Hagebutten hervor. Die kleinen Blätter haben fein gezähnte Ränder.

In eine formale Schmuckrabatte gehört diese Rose nicht. Sie bildet von Natur aus ein beachtliches Dickicht, und die stark bewehrten, kräftigen Triebe lassen zurückhaltenderen Pflanzen keine Chance. Sie paßt in eine Obstwiese oder eine naturnah wachsende Hecke, in der ihre Triebe hinaufklimmen, überhängen und blühen können.

Rosa 'Alain Blanchard'

Ursprung: Frankreich
(Vibert) 1839
Höhe: 1,2 m
Härtezone: 4
Bezugsquellen: 5, 18, 24,
32, 46

Diese alte Gallica-Rose ist wohl eine Kreuzung mit der Provence-Rose, *Rosa centifolia*. Ihre länglichen, spitzen Knospen wirken, umgeben von spitz zulaufenden Kelchblättern, sehr dekorativ. Die halb geöffnete Blütenknospe zeigt ein auffallend intensives Karmesinrot. Wenn sich die Blüten (Durchmesser 8 cm) im Juni öffnen, sind sie lebhaft karmesinrot, nur leicht gefüllt, mit einem stark ausgeprägten Büschel dottergelber Staubgefäße. Die zunächst schalenförmigen Blüten weiten sich zu flachen Tellern mit etwas kleineren Kronblättern zur Mitte hin; sie duften schwach, aber süß. Vor dem Verblühen erscheinen auf den Kronblättern purpurrote Sprenkel, was wie eine hübsche Marmorierung wirkt. Das junge, blaßgrüne Laub besteht aus elegant gefälteten, leicht gezähnten Blättchen.

'Alain Blanchard' bildet einen fast ebenso breiten wie hohen, starkwüchsigen Strauch mit außerordentlich dekorativen Blüten. Auch wenn diese Rose nur einmal blüht, wird man sich lange an ihrem frischgrünen Laub freuen. Sie gedeiht gut im Halbschatten und kommt in der Rabatte am besten zur Geltung, besonders wenn sich ihr schönes Karmesinrot mit Rot- und Purpurtönen verbindet. Auch vor silbernem Laub macht sich die Farbe gut. Ich habe sie vor einer Kulisse aus *Artemisia absinthium* 'Lambrook Silver' gesehen, einem ganz blaß silbergrauen Halbstrauch.

Rosa × alba 'Alba Maxima'

Ursprung: Europa vor dem
15. Jahrhundert
Höhe: 2,5 m
Härtezone: 4
Bezugsquellen: 5, 7, 9, 30,
32, 33, 36

Diese großartige Alba-Rose, auch als „Jakobiten-Rose" und 'White Rose of York' bekannt, hat sich im Garten sehr gut bewährt. Zwischen der Spitzenrosette aus Kelchblättern schaut das hübsche Cremerosa der anschwellenden Knospen hervor. Im Juni erscheinen die gefüllten, weißen Blüten (Durchmesser 9 cm), die zur Mitte hin cremeweiß getönt und rosa überhaucht sind. Später tritt an die Stelle des grünen „Auges" im Zentrum ein Büschel Staubgefäße; die Farbe verblaßt allmählich zu Weiß, und die Form löst sich etwas auf. Gelegentlich sollen auch halbgefüllte Blüten auftreten.

Der Duft ist süß und würzig. Das sehr dekorative, blaugraue Laub besteht aus gefiederten, tief geaderten und deutlich gezähnten Blättchen. Die Triebe sind kräftig und stark bewehrt. Diese robuste, starkwüchsige Rose gehört mit ihren außergewöhnlichen Blüten und dem herrlichen Blattwerk zur Elite klassischer Strauchrosen. Sie blüht zwar nur einmal, dafür aber sehr ausdauernd. Mit ihrem schönen, aufrechten Wuchs wirkt *Rosa* × *alba* 'Alba Maxima' als Solitärstrauch an beiden Seiten eines Eingangs großartig. Im hinteren Bereich einer großen Gemischten Rabatte stellt ihr Laub auch nach der Blüte eine ausgezeichnete Kulisse für andere Pflanzen dar. Es gibt auch die Züchtung *Rosa* × *alba* 'Alba Semiplena' mit halbgefüllten Blüten und ungewöhnlich grazilen, reinweißen, gekräuselten Kronblättern. Ansonsten ist sie gleich wie *Rosa* × *alba* 'Alba Maxima'.

Rosa 'Ardoisée de Lyon'

Ursprung: Frankreich
(Damaizin) 1858
Höhe: 1,2 m
Härtezone: 5
Bezugsquelle: 5

Diese unübertreffliche Remontant-Rose blüht ziemlich spät, dafür aber mehrfach bis tief in den Herbst. Die prallen, rundlichen Knospen enthüllen, halb geöffnet, auffallend kräftigrote, gekräuselte Kronblätter. Die Blüten (Durchmesser 8 cm), die sich Ende Juni öffnen, sind prächtig gefüllt und leuchtend tiefrosa. Sie bleiben leicht schalenförmig und fallen durch das Arrangement der Kronblätter ins Auge: zerknittert und wirbelartig gedreht in der Mitte, am Rand sorgfältig in konzentrischen Kreisen gereiht, die Spitzen scharf zurückgebogen. Ihr einzigartiger Duft ist angenehm schwer und lebhaft. Die Blüten stehen in üppigen Büscheln an hohen Trieben, und das schmucke Laub setzt sich aus gebogenen und gefalteten, blaßgrünen Fiederblättern zusammen. 'Ardoisée de Lyon' bildet einen aufrechten, kräftigen Busch.

Alles in allem zählt sie zu den besten Remontant-Rosen. Ihre außergewöhnlichen Blüten duften bezaubernd. Sie vereinigt sämtliche dekorativen Vorzüge einer bewährten klassischen Strauchrose und eignet sich

Gegenüberliegende Seite:
*Rosa 'Assemblage des
Beautés'*

Ursprung: Frankreich 1823
Höhe: 1,2 m
Härtezone: 4
Bezugsquellen: 5, 18, 32

Ursprung: Frankreich
(Reverchon) 1897
Höhe: 1,2 m
Härtezone: 5
Bezugsquellen: 5, 7, 8, 9,
18, 19, 24, 29, 31, 32, 33,
36, 41, 46

besonders für den kleinen Garten. In der Gemischten Rabatte kommt sie vorzüglich zur Geltung; auch für Bereiche, in denen Strukturelemente gefragt sind, eignet sich diese mäßig große Pflanze ausgezeichnet. Sehr wirkungsvoll ist ein Paar an beiden Seiten eines Tores oder am Beginn eines Weges.

Rosa 'Assemblage des Beautés'

Sie gehört zu den schönsten der alten Gallica-Rosen. Ihre ausnehmend dekorativen Knospen sind kugelig und prall; zwischen den eleganten, spitz-ovalen Enden der Kelchblätter leuchtet ein intensives Hochrot, bevor sich die gefüllten Blüten (Durchmesser 8 cm) im Juni öffnen. Sie sind prächtig dunkelkarmesinrot und duften zauberhaft voll und würzig. Die anfangs leicht schalenförmigen Blüten stehen an den Spitzen der fein bewehrten Triebe. Wenn sich die Kronblätter öffnen, biegen sie sich zurück und bilden leuchtende Farbkissen, die später einen verwaschen-gräulichen Purpurton annehmen. Die blaß lindgrünen Blätter sind elegant gebogen und entlang der Mitte gefaltet.

'Assemblage des Beautés' bildet einen kompakten, kleinen Busch. Mit ihren farbenprächtigen, anmutigen Blüten und dem köstlichen Duft ist sie eine der vortrefflichsten alten Strauchrosen für den kleinen Garten. Sie gedeiht gut im Halbschatten und kommt in einer kleineren Gemischten Rabatte mit Begleitpflanzen in entsprechender Größe bestens zur Geltung; ein schöner Partner ist der Purpurblättrige Salbei, *Salvia officinalis* 'Purpurascens'. Wogen von Nelken in verschiedenen Farben gefallen mir als Unterpflanzung ebenfalls; ihr Duft verbindet sich mit dem der Rose.

Rosa 'Baron Girod de l'Ain'

Diese Remontant-Rose zeichnet sich durch höchst ungewöhnliche, dekorative Blüten aus. Ihre prallen, rundlichen Knospen sind anfangs tief dunkelrot, öffnen sich aber im Juni zu schalenförmigen, locker gefüllten Blüten (Durchmesser 6 cm) von reinstem Karmesinrot. Der zugleich seltsame und aparte Effekt der weiß umrandeten Kronblätter wird durch die zurückgerollten Spitzen unterstrichen. Später biegen sich die äußeren Kronblätter nach hinten, während die inneren schalenförmig bleiben. Die auffallenden, süß duftenden Blüten stehen

in üppigen Büscheln über den schön geformten, rund-ovalen Blättern mit gezähntem Rand.

Diese öfterblühende Rose ist mit ihren schmucken Blüten und dem stattlichen, kräftig buschigen Wuchs eine ausgezeichnete Gartenpflanze. Am besten unterstreicht man ihre exotische Wirkung, indem man sie in den Mittelpunkt der Bepflanzung stellt. Eine Kombination mit anderen Rosen empfiehlt sich hingegen nicht. In einem kleinen Beet neben dem Sitzplatz lassen sich ihre Vorzüge gebührend bewundern. Karmesinrot paßt ausgesprochen gut zu grauem Laub, und der Gartensalbei, *Salvia officinalis*, oder der Schmalblättrige Lavendel, *Lavandula angustifolia*, sind schlichte, aber sehr wirkungsvolle Begleitpflanzen. In einer gemischten Rabatte mit vorwiegend grau- und purpurfarbenen Stauden und Sträuchern stellt diese Rose einen großartigen Blickfang dar.

Rosa 'Baronne Prévost'

Ursprung: Frankreich (Desprez) 1842
Höhe: 1,5 m
Härtezone: 5
Bezugsquellen: 5, 8, 9, 18, 32, 41

Die Remontant-Rose 'Baronne Prévost' zeichnet sich durch imposante gefüllte Blüten (Durchmesser 9 cm) in leuchtendem Rosa und durch einen intensiven Duft aus. Ihre ausgesprochen dekorative Blütenform verdankt sie den gefälteten, einander überlappenden Kronblättern mit den gewellten Rändern. Schon bevor im Juni die Blüten erscheinen, prägen die prallen Knospen das Bild. Ihr dunkles Blutrot leuchtet zwischen den aufspringenden Kelchblättern hervor. Die Blüten stehen in stattlichen Büscheln an den hohen, stark bewehrten Trieben.

Ihr Duft ist würzig und süß. Das gefiederte, blaugrüne Laub besteht aus gefalteten, gezähnten Blättchen.

Mit ihrem kräftigen, buschigen Wuchs paßt diese hervorragende alte Strauchrose bestens in die Gemischte Rabatte, wo ihr dekoratives Laub und die aufrechte Wuchsform zur Gesamtwirkung beitragen. Geschätzt wird sie als öfterblühende Rose. Das kräftige Rosa ihrer schön geformten Blüten behauptet sich auch in prunkvollster Pflanzenrunde. Beeindruckend finde ich eine Kombination mit silberlaubigen Kardonen, *Cynarus cardunculus*, und den hohen weißen Blütentrauben von *Campanula latiloba* 'Alba'. Später im Gartenjahr bietet sie zusammen mit dem fein gefiederten grauen Laub und den blauen Blüten des herrlichen Russischen Salbeis, *Perovskia atriplicifolia*, ein bezauberndes Bild. Eine Rose von so starker Ausstrahlung sollte stets mit schlichten, aber markanten Pflanzen kombiniert werden.

Rosa 'Belle Amour'

Ungeklärt ist der Ursprung dieser Rose, welche die große Gärtnerin Nancy Lindsay in einem alten Klostergarten in der Normandie fand. Ob es nun eine Alba- oder eine Damaszener-Rose ist, ihr außergewöhnlicher Reiz ist unbestritten. Die von spitzen Kelchblättern umschlossenen Knospen zeigen beim Aufspringen ein intensives Blutrot. Die halb geöffnete Blütenknospe ist etwas blasser, dabei fest zusammengerollt und sehr dekorativ. Im Juni öffnen sich die süß und würzig duften-

Ursprung: Frankreich um 1950
Höhe: 1,8 m
Härtezone: 4
Bezugsquellen: 5, 18, 24, 32, 36, 46

den, gefüllten Blüten (Durchmesser 8 cm), deren leuchtendes Rosa allmählich zu silbrigem Rosa verblaßt. Die Kronblätter in der Mitte formieren sich zu lockeren Vierteln, die am Rand zu einem kompakten Ring. Später löst sich die Form etwas auf und enthüllt gelbe Staubgefäße. Die Rose blüht zwar nur einmal, dafür aber recht ausdauernd. Ihr hübsches graugrünes Laub besteht aus schön gerundeten, spitz zulaufenden Blättern. Die Triebe sind sehr stachlig.

'Belle Amour' bildet einen lockeren, aber markanten, aufrechten Busch. Das kräftige Rosa der Blüten hebt sich wirkungsvoll von dem graugrünen Laub ab. Die bewährte Strauchrose paßt gut zusammen mit größeren Stauden in eine großzügige Gemischte Rabatte, in der die hohen Rispen von *Campanula lactiflora* mit ihren lila Blüten zwischen der Rose herausragen. Einen edlen Hintergrund bildet der große, silbergrau belaubte Strauch *Elaeagnus* 'Quicksilver' (Ölweide).

Rosa 'Belle de Crécy'

Ursprung: Frankreich vor 1848
Höhe: 1,2 m
Härtezone: 4
Bezugsquellen: 5, 7, 8, 9, 11, 18, 29, 32, 36, 37, 46

Die Blüten dieser Gallica-Rose überraschen durch eine feine, aber zugleich attraktive Farbvariation. Beim Öffnen sind die Knospen ganz dunkelrot. Spitze Kelchblätter umrahmen die eng zusammengerollten Blütenblätter. Ihre im Juni erscheinenden gefüllten Blüten (Durchmesser 8 cm) leuchten in lebhaftem Tiefrosa, hin und wieder mit schmutzigroten Flecken. Obgleich der Blütenkopf schön kompakt ist, entsteht durch die gedrehten Spitzen der Kronblätter, die in verschiedene Richtungen weisen, eine lebhafte Wirkung. Die Staubgefäße bilden ein auffallendes „Auge" in der Mitte der lieblich duftenden Blüten. Mit der Zeit nehmen sie eine mauvefarbene Tönung an, die vor dem Verblühen noch blasser wird. Der Strauch ist nahezu unbestachelt, und die Blüten stehen in Büscheln an hohen, endständigen Trieben über dem eleganten Laub.

'Belle de Crécy' gehört zu jenen wertvollen, klassischen Rosen, die trotz exquisiter Besonderheiten gut zu anderen Pflanzen passen. Sie bildet einen recht lockeren, kleineren Busch und bringt sehr schöne, mäßig große Blüten hervor, die durch ihre herrliche Farbe und einen köstlichen Duft bestechen. Da sie gelegentlich etwas Halt durch kleinere Nachbarsträucher brauchen kann, ist Lavendel – er wird als Stütze gerade hoch genug – ein hervorragender Partner. Außerdem harmonieren die Lavendelblüten im Farbton mit den welkenden Rosenblüten.

Rosa 'Belle Isis'

Ursprung: Belgien
(Parmentier) 1843
Höhe: 1,2 m

Härtezone: 4
Bezugsquellen: 5, 8, 18,
19, 32, 33, 36, 46

Reines Zartrosa ist eine ungewöhnliche Blütenfarbe für Gallica-Rosen, hinzu kommt, daß die Blüten außerordentlich klein sind. Die auffallend hübschen Knospen sind prall, rot und rosa gestreift und von einer Rüsche dekorativer Kelchblätter umgeben. Die im Juni erscheinenden Blüten (Durchmesser 5 cm) sind anfangs schön kompakt: flache Rosetten mit einem Wirbel zartrosa getönter Kronblätter in der Mitte, die von einem Kranz blasserer, zurückgebogener Kronblätter eingerahmt sind. Später lösen sich die Blüten merklich und nehmen einen noch helleren Rosaton an. Ihr Duft ist köstlich voll, süß und lebhaft. Das hellgrüne Laub mit den gezähnten, rund-ovalen Blättern stellt einen schönen Hintergrund für die in großzügigen Büscheln stehenden Blüten dar.

'Belle Isis' bildet einen aufrechten, kleinen Strauch mit bezaubernden, über dem dekorativen Laub aufragenden Blüten. Verglichen mit anderen, oft etwas kopflastigen Gallica-Rosen, sind die Blüten verhältnismäßig klein. Sie lassen die Pflanze leicht und anmutig erscheinen, was besonders reizvoll wirkt, wenn man dies durch entsprechende Begleitpflanzen betont. Beeindruckt hat mich die Rose über Wolken aus kleinem,

einjährigem Gedenkemein, *Omphalodes linifolia*. Empfehlenswert ist auch eine Kombination mit einer der
krautigen Beifußarten wie z.B.*Artemisa latiloba* mit dekorativ gelapptem, spitzovalem Laub.

Rosa 'Blanc Double de Coubert'

Ursprung: Frankreich
(Cochet-Cochet) 1892
Höhe: 1,5 m
Härtezone: 4
Bezugsquellen: 4, 5, 7, 8,
9, 11, 17, 18, 19, 29, 30,
32, 36, 37, 39, 41

Diese Rugosa-Hybride ist eine der wertvollsten weißblühenden Strauchrosen. Die länglichen, fest eingerollten Knospen öffnen sich im Mai und zeigen zunächst
cremeweiße Färbung mit einem Hauch Rosa. Voll entfaltet ist die halbgefüllte Blüte (Durchmesser 10 cm)
kalkweiß, mit auffallenden Staubgefäßen und würzigem
Duft. Die überlappenden, leicht gekräuselten Kronblätter verleihen den Blüten eine bezaubernde Unregel-
mäßigkeit. Sie blüht die ganze Saison über und läßt sich
durch regelmäßiges Abschneiden der welken Köpfe zu
noch reicherer Blütenbildung anregen – allerdings unter
Verzicht auf die dekorativen, prallen Hagebutten. Das
Laub ist satt dunkelgrün, und die gefiederten Blätter
sind tief geadert und zeigen eine ledrige Oberfläche.

'Blanc Double de Coubert' ist eine außergewöhnliche
Rose mit ausgesprochen aufrechtem Wuchs. Sie ist viel-

seitig verwendbar und gedeiht im Schatten üppig und schön. Aber auch in der Gemischten Rabatte paßt sie sich nahezu jedem Pflanzschema an. Diese Rose erregt auch als Solitärstrauch an einer besonderen Stelle im Garten mit Sicherheit Bewunderung. So könnte ein Paar dieser Rosen etwa auf einen Weg aufmerksam machen und mit dem glänzenden Laub und dem kühlen Charme der Blüten einen einladenden Rahmen bilden. Ein Sport von 'Blanc Double de Coubert' mit dem hübschen Namen 'Souvenir de Philémon Cochet' ist nicht weniger reizvoll, unterscheidet sich aber durch wesentlich stärker gefüllte Blüten mit cremerosa Mitte und grünem „Auge".

Rosa 'Bonica'

Ursprung: Frankreich
(Meilland) 1981
Höhe: 90 cm
Härtezone: 4
Bezugsquellen: 5, 12, 14,
23, 29, 30, 37, 39

Diese neuere Strauchrose stellt einen früher nicht vertretenen Rosentyp dar, der überall in öffentlichen Anlagen verwendet wird. Hier schätzt man ihn besonders als öfterblühenden, pflegeleichten, niedrigen Busch, der kein Unkraut aufkommen läßt. Das gleiche gilt übrigens für die Mehrzahl dieser Rosen: Schönheit und Charakter der Blüten stehen erst an zweiter Stelle. In meinen Augen ist 'Bonica' ein sehr gelungener Versuch, eine Rose für einen bestimmten Zweck zu züchten, die dennoch nichts von ihrem Zauber einbüßt. Die üppigen Büschel praller, kleiner Knospen sind von spitz zulaufenden Kelchblättern umgeben; sie springen im Juni auf und enthüllen halb geöffnete, hübsch eingerollte Blüten, die außen ein silbriges Rosa, innen ein deutlich wärmeres Fleischrosa zeigen. Die voll entfalteten, halbgefüllten Blüten duften lieblich süß. Die zur Mitte hin kleiner werdenden Kronblätter sind leicht gekräuselt und in ebenmäßigen, konzentrischen Kreisen gereiht. Das Laub besteht aus schön geformten, mittelgrünen Blättern.

Obgleich ich 'Bonica' bisher lediglich als „Bodendecker" gesehen habe, ist diese Rose so bezaubernd, daß sie auch in der Rabatte Bewunderung erregen dürfte. Ihr zierlicher Wuchs und die den ganzen Sommer über anhaltende Blütenfülle machen sie zu einer idealen Pflanze für kleinere Gärten. Als Partner empfehlenswert sind all die farblich anpassungsfähigen Stauden, die so gut mit Alten Rosen harmonieren, wie silberblaue Glockenblumen und *Eryngium*, mauvefarben blühende Storchschnabelarten und die blaßgraue *Artemisia ludoviciana latiloba*.

Rosa 'Boule de Neige'

Ursprung: Frankreich (Lacharme) 1867
Höhe: 1,5 m
Härtezone: 5
Bezugsquellen: 4, 5, 7, 8, 9, 18, 19, 24, 29, 30, 31, 32, 33, 36, 37, 39, 41, 46

Weiß ist eine ungewöhnliche Farbe für eine Bourbon-Rose, und 'Boule de Neige' ist zweifellos die schönste. Eine Krause dekorativer Kelchblätter umgibt die purpurrosa Knospen, die sich im Juni zu gefüllten, weißen Blüten (Durchmesser 8 cm) öffnen. Sie sind schön geformt und nehmen zur Mitte hin ein wärmeres Cremerosa an. Die Kronblätter sind außen etwas zurückgebogen, innen leicht schalenförmig. Wenn die Blüten voll entfaltet sind, rollen sich die Kronblätter so weit auf, daß die Blütenköpfe beinahe wie Kugeln aussehen. Sie duften intensiv würzig und stehen in großer Fülle an den Enden der aufrechten Triebe. Dem ersten Blütenflor folgen später vereinzelte Blüten. Die mittelgrünen, ziemlich großen Blätter sind rund-oval und gezähnt.

Der ausgezeichnete Duft, eine feine Färbung und schön geformte, öfterblühende Blüten machen 'Boule de Neige' zu einer der vorzüglichsten weißen Strauchrosen mittlerer Größe. Sie bildet einen aufrechten

Busch, dessen kraftvoll vertikale Wirkung durch die hoch aufragenden Blüten unterstrichen wird. Die cremerosa Tönung der Blüten harmoniert schön mit Pastellweiß, Gelb-, Blau-, Rosa- und Mauvetönen. Eine mittelgroße Rabatte erhält durch zwei Rosensträucher die nötige Struktur. Aber auch als Topfpflanze auf einer sonnigen Terrasse ist diese Rose sehr dekorativ. Angeblich gedeiht sie nur in nährstoffreichem Boden.

Rosa **'Bourbon Queen'**

Ursprung: Frankreich (Mauget) 1834
Höhe: 1,8 m
Härtezone: 5
Bezugsquellen: 5, 32

Diese herrliche alte Bourbon-Rose bildet einen großen Strauch mit entsprechend stattlichen Blüten. Die kugelförmigen Knospen sind von einer Rosette spitz zulaufender Kelchblätter umgeben, die beim Aufspringen ein gesprenkeltes Rosarot enthüllen. Die mehr oder weniger gefüllten, süß duftenden Blüten (Durchmesser 10 cm) zeigen ein einzigartig schönes, dunkles Karmesinrosa. Anfangs leicht schalenförmig, rollen sich die schön gruppierten Kronblätter zur Mitte hin ein, biegen sich aber in Richtung Rand zurück. Später weiten sich die Blüten und nehmen eine eher lockere, zwanglose Form an, während die Farbe zu dekorativem Silberrosa verblaßt. Besonders auffallend ist das dunkle, blaugrün getönte Laub; es besteht aus großen Blättern, die rund-oval und gezähnt sind.

Die Blüten dieser Bourbon-Rose sind sehr ausdrucks-voll. Verschwenderisch üppig stehen sie an den Spitzen der kräftigen, fleischigen Triebe. Im Gegensatz zu manch anderen Bourbon-Rosen blüht diese Rose kaum mehr als einmal, aber ihr Laub wirkt sehr dekorativ. Überdies gedeiht sie gut im Halbschatten. Einer großen Rabatte kann man durch je einen Strauch am Anfang und Ende Spannung und Struktur verleihen. Das Pur-purrosa der Blüten ist zwar kräftig genug, um sich unter Rot- und Purpurtöne zu mischen, dennoch aber keines-wegs so dominant, daß es nicht auch mit einem zar-teren, in blassen Rosa- und Blautönen gehaltenen Bild harmonieren würde.

Rosa 'Buff Beauty'

Diese Moschata-Hybride ist zu Recht beliebt und un-gleich stärker in der Ausstrahlung als viele noch be-liebtere Rosen. Die prallen Knospen wirken exotisch. Sobald sich die spitz zulaufenden Kelchblätter teilen, kommen Rosa und Gelb zum Vorschein. Im Juni ent-falten sich die ersten, auffallend schön geformten Blü-ten; die inneren Kronblätter sind fest eingerollt und die äußeren zurückgebogen. In diesem Stadium leuchten sie intensiv aprikosengelb. Voll erblüht nehmen die Blüten (Durchmesser 9 cm) eine eher bauschig volle Form und einen deutlich blasseren, hellgelb überlaufenen Elfen-beinton an. Sie verströmen einen kräftigen, köstlich süßen Duft. Das dunkelgrüne Laub fällt durch schön geformte, große Blätter auf, die zum Teil bis zu 10 cm lang werden. Die Blüten stehen in üppigen Büscheln an den aufrechten, hübsch rotbraun getönten Trieben.

'Buff Beauty' blüht die ganze Saison über ununter-brochen und zeigt stets den reizvollen Kontrast zwi-schen sich öffnender Knospe, aufgehender und voll ent-falteter Blüte. Im Habitus kann sich der Busch allerdings nicht mit der berauschenden Schönheit der Blüten mes-sen. Obwohl er wuchsfreudig ist und seine Triebe in anmutigem Bogen überhängen, bildet er keine gefällige Gestalt. In einer gemischten Bepflanzung ergänzt er lebhafte Creme-, Gelb- und Orangetöne. Auch eine Kombination mit Taglilien oder Pantherlilien, *Lilium pardalinum*, lohnt einen Versuch.

Ursprung: England
(Bentall) 1939
Höhe: 1,5 m
Härtezone: 5
Bezugsquellen: 5, 7, 8, 9,
11, 18, 19, 23, 29, 30, 31,
32, 33, 36, 37, 39, 41, 42,
46

Rosa 'Camaïeux'

Ursprung: Frankreich 1830
Höhe: 90 cm
Härtezone: 4
Bezugsquellen: 5, 8, 9, 18, 29, 32, 36, 37, 46

Diese alte Gallica-Rose entfaltet sich im Juni aus ansehnlich prallen, dunkelroten Knospen mit spitz zulaufenden Kelchblättern. Die gefüllten Blüten (Durchmesser 8 cm) sind rosa, aber unregelmäßig karmesin-purpurrot gestreift und duften angenehm würzig. In fortgeschrittenem Stadium bauschen sich die Blüten locker auf, und ihre Farbe verblaßt zu gräulichem Purpur. Das Laub ist erfrischend mittelgrün, und die Triebe sind mit sehr feinen, haarartigen Stacheln besetzt.

Da diese Rose im Wuchs ziemlich biegsam ist, fällt der mit schweren Blüten überladene Busch leicht auseinander. Das macht zwar einen Teil seines Reizes aus, dennoch müssen die Zweige in einer dicht bepflanzten Rabatte durch andere Pflanzen oder künstlich gestützt werden. Obgleich 'Camaïeux' nicht sehr geschlossen wirkt, ergibt sich dennoch ein malerisches Bild, wenn sich im Vordergrund eines Beetes ihre schönen Blüten über den anderen Pflanzen erheben. Am besten wirkt die Rose zwischen dekorativen, kleinen Sträuchern wie Lavendel oder Salbei, *Salvia officinalis* 'Tricolor', dessen panaschierte Blätter rosa gesprenkelt sind. Beide eignen sich vorzüglich als Partner.

Rosa 'Canary Bird'

Ursprung: China um 1908
Höhe: 2,4 m
Härtezone: 5

Sie ist durch Kreuzung der chinesischen Rose *Rosa xanthina hugonis* mit einer unbekannten anderen chinesischen Rose entstanden. Das zierliche Laub entfaltet sich, bevor sich die ersten Knospen öffnen, zu eleganten Blattwedeln. Die einzelnen Fiederblätter sind ganz fein gezähnt und fallen durch schönes Graugrün und wesentlich blassere Unterseiten auf. Die ungefüllten Blüten (Durchmesser 4 cm) sind leuchtend hellgelb und nehmen zur Mitte hin, in der sich intensiv goldgelbe Staubgefäße drängen, eine dunklere Tönung an. Die Blüten bestehen aus schön gerundeten Kronblättern, duften aber kaum. An günstigen Standorten gehört 'Canary Bird' zu den am frühesten blühenden Rosen: die ersten Blüten erscheinen bereits Ende April. Das junge Holz der Triebe ist dunkelbronzefarben, und auch die Hagebutten sind auffallend dunkel. Die Rose ist sehr robust, auch wenn es passieren kann, daß der eine oder andere Zweig abstirbt, wenn er zurückgeschnitten wird.

'Canary Bird' strahlt die ganze Anmut einer Wildrose aus, läßt sich aber dennoch gut im Zaum halten, und stellt in der Rabatte einen vorzüglichen Frühlingsstrauch dar. Später schmückt ihr hübsches Laub die Rabatte. Man hüte sich jedoch davor, andere Pflanzen mit gelben Blüten in unmittelbare Nähe zu setzen. Graulaubige Gewächse wie Artemisien, Lavendel oder *Santolina* machen sich als Unterpflanzung hervorragend. Die Rose ist auch als Hochstamm im Handel.

Rosa 'Capitaine Basroger'

Ursprung: Frankreich
(Moreau-Robert) 1890
Höhe: 1,8 m
Härtezone: 5
Bezugsquellen: 5, 32

Moosrosen strahlen oft bis ins kleinste Detail so viel Lebhaftigkeit aus, daß sich in einem kleinen Garten oft schon mit einer einzigen Pflanze große Wirkung erzielen läßt. 'Capitaine Basroger' hat die typisch bemoosten Knospen; beim Öffnen werden die hübschen rosa und karmesinroten Streifen sichtbar. Die Blüten (Durchmesser 8 cm) im Juni sind stark gefüllt, dunkel karmesinrot gefärbt – melancholisch und schön zugleich. Ihre bewegte Struktur verdanken sie einem Wirbel gefalteter Kronblätter. Diese sind mit dunkler gefärbten Adern durchzogen und rosa marmoriert. Mit der Zeit nehmen die Blüten eine rosapurpurne Tönung an. Sie duften außergewöhnlich intensiv und voll. Ihr graugrünes Laub besteht aus großen, rund-ovalen Blättern.

Diese Rose bildet einen aufrechten, ziemlich lockeren Busch und bringt gegen Ende der Saison einen zweiten Flor hervor, was höchst ungewöhnlich für Moosrosen ist. Da die Blüten schwer und die neuen Triebe recht biegsam sind, benötigt die Rose ein gewisses Maß an Stütze. Mit ihrer leuchtenden Farbe stellt sie in einer vorwiegend roten und purpurnen Bepflanzung einen Blickfang dar. Am schönsten wirkt sie aber wohl an einer Stelle, an der man ihre schönen Blüten und den köstlichen Duft von nahem genießen kann, beispielsweise an einem Weg oder neben einer Bank.

Rosa 'Cécile Brunner'

Ursprung: Frankreich (Pernet-Duchet) 1881
Höhe: 90 cm
Härtezone: 4
Bezugsquellen: 5, 9, 18, 23, 29, 30, 32, 36, 37, 39, 46, 48

Diese ausdauernd blühende, zwergwüchsige Polyantha-Rose ist eine ungemein dekorative und vielseitige Gartenpflanze, die herrliche Blüten hervorbringt. Sich entfaltend bieten sie das Idealbild der Rosenknospen: zartrosa, schön geformt, anmutig eingerollt und von markanten, feinstrahligen Kelchblättern umgeben. Im Laufe der Entwicklung durchläuft die Blüte zwei weitere Stadien. Die zunächst flacheren Blütenschalen werden von den zurückgebogenen, deutlich blasseren, äußeren Kronblättern dekorativ umrahmt. Später runden sich die Blüten zu bauschigen, kleinen, reinweißen Pompons mit 6 cm Durchmesser. Sie stehen an endständigen, aufrechten Trieben, die durch schönes Rotbraun auffallen und verströmen ein süßes, reines Parfum. Das ansehnliche Laub besteht aus elegant spitz-ovalen, ziemlich langen Fiederblättern.

Sei es im Vordergrund einer Rabatte, in einem kleinen Beet neben dem Sitzplatz oder wo auch immer – die lieblichen Blüten, auf die ständig neue folgen, machen 'Cécile Brunner' ungeheuer wertvoll. Für eine Miniaturrose ist sie sehr schön proportioniert, und die einzelnen Blüten haben keine geringere Ausstrahlung als wesentlich größere etwa. Die Rose eignet sich ausgezeichnet als Topfpflanze, muß aber gut gegossen und gedüngt werden. Die weiße Form 'Cécile Brunner, White' unterscheidet sich lediglich farblich vom Typ und läßt sich ausgezeichnet damit kombinieren. Die kletternde Form, 'Cécile Brunner, Climbing', blüht nicht ganz so ausdauernd, ist aber, wo nur wenig Platz ist, eine bewundernswerte Kletterpflanze.

Rosa 'Céleste'

Ursprung: Niederlande
18. Jahrhundert
Höhe: 1,8 m
Härtezone: 4
Bezugsquellen: 5, 8, 9, 18, 19, 20, 24. 29, 30, 32, 36, 37, 39, 41, 46

Die auch als 'Celestial' bekannte Alba-Rose bildet einen auffallend großen Strauch. Die Knospen sind ungewöhnlich schön: sehr lang und spitz, mit borstenartigen Kelchblättern. Beim Anschwellen wird das Cremerosa der Blüte sichtbar. Im Juni erscheinen die halbgefüllten Blüten (Durchmesser 9 cm). Das lebhafte Muschelrosa verblaßt stellenweise zu silbrigem Rosa. Die fein geaderten Kronblätter sind gewellt. Die süß, leicht würzig duftenden Blüten stehen in üppigen Büscheln endständig an den Trieben. Die blaugrauen, gefiederten Blätter sind markant gezähnt und geadert.

Die zerbrechliche Schönheit dieser Blüten kommt vor dem grauen Laub beeindruckend zur Geltung. Kräftig und aufrecht im Wuchs, bildet dieser charaktervolle Strauch in einer großen Rabatte ein unübersehbares Strukturelement. Überdies verbindet er sich harmonisch mit vielen anderen Pflanzen. 'Céleste' blüht nur einmal, das hübsche Laub eignet sich jedoch vorzüglich als Hintergrund für andere Bepflanzungen. Ein schönes Bild bietet eine der kleineren, spätblühenden *Clematis*-Arten, wie etwa *C. viticella* 'Étoile Violette', die zwischen ihren Trieben hochklettert. Das leuchtende Purpurviolett bildet einen wunderbaren Kontrast zum Blaugrau des Rosenlaubs.

Rosa 'Celsiana'

Ursprung: Europa vor 1732
Höhe: 1,5 m
Härtezone: 4
Bezugsquellen: 5, 7, 8, 9, 18, 32, 33

Sie gehört zu den ältesten noch heute kultivierten Formen der Damaszener-Rose und ist eine der schönsten rosablühenden Rosen. Die hübschen Knospen, die sich gegen Frühlingsende runden, sind von einer Spitzenkrause aus Kelchblättern umgeben, die beim Aufspringen das Rot der geschlossenen Blüte enthüllen. Die Blüten (Durchmesser 7 cm) öffnen sich im Juni. Sie sind halbgefüllt, leuchtend muschelrosa, anfangs leicht schalenförmig, voll erblüht aber von fast bauschiger Fülle. Ihr köstlicher Duft ist angenehm würzig. Das blaßgrüne Laub besteht aus eleganten Fiederblättern, die gefältelt und leicht gezähnt sind. Büschelweise ragen die Blüten an den hellgrünen, fein behaarten Trieben auf.

Auch wenn man 'Celsiana' nicht als prachtvolle Rose bezeichnen wird, gewinnt sie bei längerer Betrachtung an Reiz. Sie blüht zwar nur einmal, dafür aber unvergeßlich. Die Blüten sind herrlich, und der ganze Busch strahlt mit seinem schönen, aufrechten Wuchs Eleganz aus. Bezaubernd wirkt er als Mittelpunkt einer großzügigen Rabatte, insbesondere in Verbindung mit graulaubigen Sträuchern wie *Santolina* und *Artemisia*; beide bilden eine ausgezeichnete Kulisse für das Rosa der Blüten. Die krautige *Clematis integrifolia* 'Rosea' verwebt sich mit ihren wesentlich dunkleren, lila-rosa Blüten wunderschön zwischen den Rosentrieben.

Rosa centifolia 'Cristata'

Ursprung: Schweiz um 1820
Höhe: 1,5 m
Härtezone: 5
Bezugsquellen: 5, 7, 8, 9, 12, 18, 19, 24, 29, 30, 32, 33, 36, 37, 39, 41, 46

Diese Moosrose ist auch als 'Chapeau de Napoléon' bekannt, da ihr dekorativ bemooster Kelch tatsächlich dem Dreispitz Napoleons gleicht. Die Knospen sind stark bemoost und die Kelchblätter farnartig gegliedert. Die Blütenknospen sind innen scharlachrot. Sie öffnen sich im Juni zu schön geformten, gefüllten Blüten (Durchmesser 8 cm). Das leuchtende Tiefrosa der Kronblätter steht in Kontrast zu dem silbrigen Rosa der Rückseite. Die bezaubernden Blüten sind zunächst leicht schalenförmig und bewahren, voll entfaltet, die klare Form, die sich durch den Wirbel zurückgebogener Kronblätter ergibt. Sie duften herrlich intensiv und angenehm. Das Laub besteht aus blaßgrünen, gezähnten Fiederblättern mit teilweise roten Rändern. Die Triebe sind bereift und rotbraun gefärbt.

Sowohl die Knospen als auch die Blüten von *Rosa centifolia* 'Cristata' sind dekorativ. Aufgrund des offenen Wuchses und der großen, schweren Blüten sollte sie entweder künstlich oder durch Nachbarsträucher im

Gegenüberliegende Seite:
Rosa 'Charles de Mills'

Beet gestützt werden. Diese ausdrucksvolle Rose wird in der Gemischten Rabatte kaum übersehen. Kleinere, graulaubige Sträucher wie *Cistus* oder *Caryopteris × clandonensis* bieten der Rose Halt und harmonieren gut.

Rosa 'Cerise Bouquet'

Ursprung: Deutschland
(Kordes) 1958
Höhe: 3,6 m
Härtezone: 4
Bezugsquellen: 5, 7, 8, 9,
11, 18, 19, 29, 36

Trotz des leicht affektierten Namens 'Cerise Bouquet', hat diese Rose Charakter. Sie bildet einen stattlichen Busch (zu stattlich für kleinere Gärten) mit kleinen, rund-ovalen Blättern in sehr schönem Graugrün. Die Blüten (Durchmesser 8 cm), die im Juni in verschwenderischen Sträußen erscheinen, gleichen im Stil den alten Strauchrosen. Sie sind gefüllt, leuchtend rosakarmesinrot und duften schwach, aber fruchtig. Oft erfreut uns später im Gartenjahr ein zweiter Blütenflor. Das neue Holz erscheint in Form herrlicher, bogig überhängender Triebe. Diese Rose gedeiht sehr gut im Halbschatten.

Anders als die meisten neueren Strauchrosen zeichnet sich 'Cerise Bouquet' durch wilden, wuchsfreudigen Charakter aus. Die Blüten, die in großer Fülle an den kräftigen Trieben stehen, heben sich schön von dem grauen Laub ab. Am besten entfaltet sich 'Cerise Bouquet', wenn man den stark austreibenden Busch ohne einzugreifen zu voller Größe heranwachsen läßt. Binnen kurzem verleihen ihm die knorrigen, verholzten Zweige den Anschein würdigen Alters. In eine formale Schmuckrabatte gehört diese Rose nicht – sehr gut zur Geltung kommt sie indes in einem naturnahen Rahmen wie einer Obstwiese oder zwischen Bäumen und anderen großen Sträuchern.

Rosa 'Charles de Mills'

Ursprung: Unbekannt
Höhe: 1,2 m
Härtezone: 4
Bezugsquellen: 5, 7, 8, 9,
18, 19, 29, 30, 31, 32, 33,
36, 37, 39, 48

Keine andere Rose gleicht in der Färbung dieser strahlenden Gallica-Rose. Die extrem prallen Knospen sind von gedrehten Kelchblättern umgeben und zeigen zunächst ein intensives Blutrot. Wenn sich die Blüten (Durchmesser 11 cm) im Juni öffnen, leuchten sie intensiv dunkelkarmesinrot. Sie sind zunächst kompakt, bauschen sich später aber auf. Dann erkennt man, daß die gewellten Kronblätter unterschiedlich groß sind. Viele haben gekräuselte Spitzen, was den Blütenkopf lebhaft und locker erscheinen läßt. In der Mitte sind die Blüten zart gestreift und rosa-weiß gefleckt. Der seltsame Duft

läßt sich nicht mit dem anderer Rosen vergleichen, erinnert aber entfernt an süßen Wein. Die Blätter sind dunkelgrün, markant gezähnt und oberseits glänzend. Die Blüten stehen an hohen Trieben über dem Laub.

Die rätselhafte Herkunft und die üppigen, dunklen Blüten verleihen 'Charles de Mills' exotisches Flair; der vormalige Name 'Bizarre Triomphant' trifft ihren Charakter vielleicht noch besser. Sie ist sehr starkwüchsig, blüht nur einmal, dafür aber ausdauernd. Sie wächst zu einem fast ebenso breiten wie hohen Busch heran. Beeindruckend wirkt sie in Verbindung mit Rot- und Purpurtönen. Von einem blaßgrauen Hintergrund wie etwa *Artemisia*, hebt sich die Blütenfarbe wirkungsvoll ab.

Rosa 'Commandant Beaurepaire'

Ursprung: Frankreich
(Moreau-Robert) 1874
Höhe: 1,5 m
Härtezone: 5
Bezugsquellen: 5, 7, 8, 18,
19, 20, 32, 41, 46

Diese exotische Bourbon-Rose ist auffallend dekorativ. Die prallen, kugeligen Knospen lassen zunächst dunkles Rot zwischen den Kelchblättern erkennen. Sie öffnen sich im Juni zu anfangs elegant schalenförmigen Blüten, die blaßrosa getönt und mit karmesin- und purpurroten Streifen und Flecken versehen, von gedrehten Kelchblättern umgeben sind. Voll entfaltet bezaubern die halbgefüllten Blüten (Durchmesser 8 cm) durch lebhaft gewellte und gebogene Kronblätter und einen köstlich süßen Duft. Das aus hellgrünen, gezähnten Fiederblättern bestehende Laub ist außergewöhnlich schmuckvoll.

Die Blüten der öfterblühenden 'Commandant Beaurepaire' zählen zu den schönsten unter den mehrfarbigen Rosen. Überaus beeindruckend wirken der reiche Flor und die auffallende Färbung in Verbindung mit Rosa-, Rot- und Purpurtönen. Ausdrucksvolle Sträucher mit pflaumenfarbenem Laub wie *Cotinus coggygria* in einer der purpurvioletten Formen oder *Berberis thunbergii* 'Atropurpurea' sind bewundernswerte Partner. Der kräftige, dicht belaubte Strauch bildet mit seinen bemerkenswerten Blättern auch außerhalb der Blütezeit einen dekorativen Blickfang. Er verträgt Halbschatten und eignet sich auch hervorragend als Topfpflanze, reichliches Wässern und Düngen vorausgesetzt.

Rosa 'Complicata'

Ursprung: Europa
20. Jahrhundert
Höhe: 1,8 m
Härtezone: 4
Bezugsquellen: 5, 7, 8, 9, 13, 17, 18, 19, 20, 23, 24, 29, 32, 33, 36, 37, 46, 48

Die Herkunft dieser Rose ist ungeklärt; fest steht indessen, daß eine enge Verwandtschaft mit Wildrosen besteht, und sie möglicherweise auf eine Kreuzung zwischen der in Europa heimischen *Rosa gallica* und der Hundsrose, *Rosa canina*, zurückgeht. Ihnen verdankt sie den unbändigen Wuchs, während die Blüten (Durchmesser 8 cm) denen der Gallica-Rose gleichen, nur daß sie sehr viel anmutiger sind. Aus satten, spitz zulaufenden Knospen öffnen sich im Juni die ungefüllten

Gegenüberliegende Seite:
Rosa 'Comte de
Chambord'

Rosetten, deren warmes Rosa zur Mitte hin sichtbar
blasser wird und einen Kontrast zu dem Büschel goldgelber Staubgefäße bildet. Die Blüten sind anfangs leicht
schalenförmig, und die einander überlappenden Kronblätter wirken sehr zart. Voll aufgeblüht drehen sie sich
aber und bilden eine bezaubernde Blüte. Ebenso dekorativ wie die feinstrahligen Kelchblätter sind die auffallenden Staubgefäße, und während der Strauch noch
in Blüte steht, erscheinen bereits die Hagebutten.

Obwohl 'Complicata' keineswegs unscheinbar ist,
enthüllt sie erst nach und nach ihre volle Schönheit. Der
lockere Busch mit den bogig überhängenden, schlanken
Trieben fällt leicht auseinander. Von spektakulärer Wirkung ist er in einer großen Rabatte, in der andere Sträucher den 3 m langen Trieben Halt bieten. Auch an den
unteren Zweigen eines Baums kann man die Rose hochklettern lassen, um ihre herrlichen Blüten ins Rampen-
licht zu rücken.

Rosa 'Comte de Chambord'

Ursprung: Frankreich
(Moreau-Robert) 1860
Höhe: 1,2 m
Härtezone: 4
Bezugsquellen: 5, 7, 8, 9,
17, 18, 19, 29, 31, 32, 36,
46

Diese Portland-Rose ist eine Kreuzung zwischen der
schönen Remontant-Rose, 'Baronne Prévost' (sie-
he S. 44), und *Rosa* 'Portlandica'. Ihre Identität ist nicht
ganz gesichert, so daß der richtige Name auch 'Madame
Knorr' sein könnte. Obgleich untypisch, ist sie dennoch
eine der schönsten der Gruppe. Die Knospen sind von
spitz zulaufenden, stark behaarten Kelchblättern umschlossen. Im Juni öffnen sich die gefüllten Blüten
(Durchmesser 9 cm), die in der Mitte leuchtendrosa
sind und an den Rändern in blasses Muschelrosa übergehen. Die Kronblätter mit den gekräuselten Spitzen
sind gebogen und gefaltet. Zu lockeren Vierteln angeordnet, verleihen sie der süß duftenden Blüte eine
lebhafte Struktur. Über dem schönen, graugrünen Laub
stehen die Blüten in großzügigen Büscheln an den mit
feinen, roten Stacheln besetzten Trieben. Nach dem
ersten reichen Blütenflor im Juni blühen sie ohne Unterbrechung die ganze Saison über.

'Comte de Chambord' bildet einen kräftigen, üppig
blühenden Busch. Mit dem kompakten Wuchs und der
ausdauernden Blüte gehört diese Rose, insbesondere für
kleinere Gärten, zu den schönsten der Alten Rosen.
Obgleich sie eine starke Ausstrahlung hat, läßt sie sich
dennoch sehr vielseitig verwenden. Am besten setzt

man sie als markanten Blickfang in eine Gemischte Rabatte; sie eignet sich aber auch als Strukturelement. Aufgrund der langen Blütezeit ist sie eine harmonische Begleitpflanze für Glockenblumen und *Geranium*. Gegen Ende des Gartenjahrs ist sie ein ausgezeichneter Partner für Spätsommersträucher wie *Caryopteris × clandonensis*. Diese Rose sollte auf der Wunschliste jedes Gartenfreunds stehen.

Rosa 'Conrad Ferdinand Meyer'

Ursprung: Deutschland (Müller) 1899
Höhe: 2,5 m
Härtezone: 4
Bezugsquellen: 2, 5, 6, 7, 8, 9, 18, 19, 20, 23, 24, 25, 27, 28, 30, 32, 34, 35, 41, 45, 46, 50

Durch Kreuzung von *Rosa rugosa* und *Rosa* 'Gloire de Dijon' entstand eine stattliche Strauchrose mit schönen, köstlich duftenden Blüten (Durchmesser 8 cm), die sich im Juni öffnen. Sie sind gefüllt, anfangs schalenförmig, weiten sich dann aber zu Blüten von lässiger Schönheit und blühen nach dem ersten Flor die ganze Saison über. Durch Abschneiden der welken Blütenköpfe erhält man eine noch üppigere Fülle, allerdings auf Kosten der dekorativen Hagebutten. Bei leichtem Wind kann man den intensiv süßen Blütenduft meilenweit riechen. Das volle, sattgrüne Laub ist geadert und etwas ledrig.

In der Rabatte bildet dieser große, kräftige Busch mit seinen einzigartigen Blüten ein ausdrucksvolles Strukturelement. Der Neigung zu kopflastigem Wuchs wirkt man durch einen kräftigen Rückschnitt entgegen. Die starkwüchsige 'Conrad Ferdinand Meyer' läßt sich auch gut als Kletterpflanze an einer Mauer oder einem Pfosten ziehen.

Rosa 'Cornelia'

Als ungewöhnlich dekorative Gartenpflanze erweist sich die süß duftende, öfterblühende 'Cornelia' – eine Moschusrose mit hübscher Belaubung. Die Knospen, die an blauvioletten Trieben stehen, fallen durch eigen-

Ursprung: England
(Pemberton) 1925
Höhe: 1,5 m
Härtezone: 5
Bezugsquellen: 5, 7, 8, 9,
11, 18, 19, 29, 30, 32, 36,
37, 39, 42, 46

artige Färbung auf: ein kräftiges Rosa, das gelb gefleckt
und überlaufen ist. Beim Öffnen der dicht gedrängten,
faltigen Kronblätter erinnern die Blüten an Nelken. Die
schwach gefüllten Blüten im Juni erreichen voll entfaltet
einen Durchmesser von 8 cm und variieren farblich
zwischen kräftigem und silbrigem Rosa. Die leicht schalenförmigen, gewellten Kronblätter überlappen einander reizvoll. In fortgeschrittenem Stadium verblaßt die
Blütenfarbe zu deutlich hellerem Rosa. Die später erscheinenden Blüten sind angeblich kräftiger gefärbt. Das
Laub besteht aus dunkelgrünen, großflächigen Blättern.

'Cornelia' zeichnet sich durch üppige Blütenbüschel,
guten Duft, ausdrucksvolles Blattwerk und Wuchsfreude aus. Sie bildet einen ausladenden, mindestens
ebenso breiten wie hohen Busch und eignet sich gut für
eine naturnahe Hecke. Auch an einem niedrigen Spalier
oder einer Brüstung kann man sie ziehen – malerisch
überhängend wird sie die ganze Saison hindurch üppig
blühen.

In einer Gemischten Rabatte verbindet sich die lebhafte Blütenfarbe harmonisch mit Rot- und Purpurtönen. Zwischen Stauden bildet der kompakte Strauch ein
Strukturelement.

Ursprung: Frankreich
(Laffay) 1840
Höhe: 1,8 m
Härtezone: 5
Bezugsquellen: 5, 7, 8, 11,
18, 19, 29, 32, 46

Rosa 'Coupe d'Hébé'

Diese strahlend frische und stattliche Bourbon-Rose
trägt zu Recht den Namen der Göttin des Frühlings und
der Jugend. Die im Juni erscheinenden gefüllten Blüten
(Durchmesser 6 cm) erinnern an zerdrückte Seidenbälle
in herrlich intensivem Rosa mit einem Hauch Purpur.
Die schalenförmigen Rosetten öffnen sich auch später
nicht vollends. Die Spitzen der äußeren Kronblätter
sind scharf zurückgebogen, die inneren bleiben eingerollt. In verschwenderischer Fülle stehen die Blütenbüschel an den endständigen, hohen Trieben und verströmen einen vollen, würzigen Duft. Die kräftigen
Triebe sind bestachelt, die blaßgrünen Blätter wohl-
gestaltet und stark gezähnt. Diese Rose ist leider etwas
anfällig für Mehltau.

Die Mehrzahl der Bourbon-Rosen ist von unwider-
stehlicher Schönheit – der besondere Zauber von
'Coupe d'Hébé' liegt indes in der lebhaften Blütenfarbe
und dem üppigen Flor. Diese stattliche, öfterblühende

Strauchrose eignet sich als Blickfang in einer großen Rabatte. Man sollte sie allerdings nicht in die Nähe von anderen Rosatönen bringen; sie würden nämlich vergleichsweise matt und fade wirken. Am besten kommt sie zur Geltung in einem wogenden Meer leuchtendvioletter *Viola cornuta*, die ihre Basis umspielen. Wirkungsvoll sind aber auch die hohen Blütentrauben größerer Glockenblumen wie *Campanula latiloba*, die zwischen ihren Zweigen aufragen.

Rosa × *damascena var. semperflorens*

Ursprung: Alte Gartenrose
Höhe: 1,5 m
Härtezone: 4
Bezugsquellen: 5, 7, 8, 9, 18, 30, 32, 33, 46, 48

Diese Rose war ehemals unter dem Namen 'Quatre Saisons' bekannt. Es ist die Original 'Autumn Damask', eine der ältesten aller öfterblühenden Rosenzüchtungen, und von ihr haben die Damaszener-Rosen in der Tat die Fähigkeit zu remontieren geerbt. Schon vor der eigentlichen Blüte wirkt diese Rose auffallend malerisch: eine Vielzahl schöner, spitz-ovaler Knospen steht, umgeben von Kelchblättern mit gezwirbelten Enden, an blaßgrünen Trieben mit feinen, roten Stacheln. Im Juni öffnen sich die großzügig gefüllten, hellrosa Blüten (Durchmesser 8 cm) mit dem kräftig vollen Duft. Die gerollten und gebogenen Kronblätter verleihen ihnen einen lebhaft lockeren Charakter, während sich das goldgelbe „Auge" aus Staubgefäßen teilweise unter dem Ring kleinerer Kronblätter in der Mitte verbirgt. Die blaßgrünen, gezähnten Blätter mit der markanten, rund-ovalen Gestalt stehen in schönem Kontrast zu den Blüten. Die weiße Form, 'Quatre Saisons Blanche Mousseuse', ist bis auf die Blütenfarbe gleich.

Rosa × damascena var. *semperflorens* bildet einen aufrechten, starkwüchsigen Busch. Die dekorative, öfterblühende Rose mit dem köstlichen Duft eignet sich für eine besonders schöne, leicht zugängliche Stelle im Garten. Sehr wirkungsvoll ist ein Rosenpaar an beiden Seiten eines Weges oder Eingangstors. Das silbrige Rosa der Blüten paßt sowohl in eine farbenfrohe Bepflanzung, in der Rot- und Purpurtöne dominieren als auch in eine kühlere Kombination mit Creme- oder zarten Mauvetönen (wie Lavendel oder den pastellfarbenen Formen von *Viola cornuta*).

Rosa 'De Meaux'

Ursprung: England (Sweet)
vor 1789
Höhe: 60 cm
Härtezone: 5
Bezugsquellen: 5, 8, 9, 18, 19, 20, 29, 31, 36, 37, 39

Diese kleine Zentifolie, auch als 'Rose de Meaux' bekannt, die zu den zierlichsten der noch bestehenden klassischen Sorten gehört, ist eine sehr dekorative Miniaturrose. Die überaus schmuckvollen Knospen sind mit einer Spitzenkrause aus Kelchblättern umgeben. Sie öffnen sich im Juni zu herrlichen Rosetten (Durchmesser 4 cm), die anfangs fest zusammengerollt und leicht schalenförmig sind, sich später aber weiten. Ihr leuchtendes Rosa geht an den Rändern in blaßsilbriges Rosa über. Die Blüten duften nur schwach. Mit den gefalteten, an den Spitzen etwas gekräuselten Kronblättern sehen sie beinahe wie Nelken aus. In großer Fülle stehen sie an den Spitzen der Triebe über dem Laub. Die Blätter erinnern im Charakter an das Laub von Wildrosen; sie sind graugrün, rundlich und schwach gezähnt. Die weiße *Rosa* 'De Meaux White' läßt sich sehr hübsch mit der rosa Form kombinieren.

'De Meaux' zeichnet sich vor allem durch Zierlichkeit aus. Sehr schön wirkt diese Rose zusammen mit Nelken, die nur wenig kurzstieliger sind. Auch wenn die Versuchung groß ist, sie am vorderen Rand einer Rabatte mit normal dimensionierten Pflanzen zu kombinieren, wirken sie in Verbindung mit kleinen Gewächsen am schönsten. In einem ganz kleinen Garten könnte man eine genau auf die winzigen Proportionen abgestimmte Rabatte anlegen, mit 'De Meaux' als Spannungselement, umspielt von *Diascia*, kleinblütigem *Geranium* (etwa *G. sanguineum* var. *striatum*) und Veilchen. Obwohl sie nur einmal blüht, erfreut uns ihr Laub die ganze Saison über.

Ursprung: Iran um 1950
Höhe: 90 cm
Härtezone: 4
Bezugsquellen: 5, 7, 8, 9, 18, 19, 23, 24, 32, 33, 35, 36, 46

Rosa 'De Rescht'

Über den Ursprung der auch als 'Rose de Rescht' bekannten Rose weiß man wenig; sicher ist lediglich, daß sie nach dem Zweiten Weltkrieg über Miss Nancy Lindsay, die sie wohl im Iran erworben hatte, nach England gelangte. Es ist eine sehr schmuckvolle Damaszener-

71

Rose von selten exotischer Schönheit. Aus den festen, kugeligen Knospen öffnen sich im Juni die Blüten (Durchmesser 6 cm). Sie sind gefüllt, herrlich karmesinrot gefärbt und haben ein goldgelbes, nahezu verdecktes „Auge" aus Staubgefäßen in der Mitte. Ein lebhaftes Muster entsteht durch den Wirbel der Kronblätter, deren Spitzen sich bisweilen derart umbiegen, daß die hellere Unterseite sichtbar wird. Die anfangs sehr kompakten Blüten lösen sich später etwas auf. Ihr Duft ist köstlich voll und herrlich exotisch. Die Blätter sind graugrün, rund-oval und fein gezähnt, die Triebe ganz hellgrün und mit haarfeinen, roten Stacheln besetzt. Junge Büsche bringen nach dem ersten Flor zwischendurch immer wieder Blüten hervor; bei älteren Büschen soll ein starker Rückschnitt die Fähigkeit zu remontieren fördern.

Leider erweisen sich die prächtigsten Rosen häufig als zu groß für kleinere Gärten. Unter den zierlicheren Strauchrosen ist 'De Rescht' gewiß eine der schönsten. Sie bildet einen kompakten Busch. Die Blüten stehen an so kurzen Blütenstielen, daß sie wie auf Laub gebettet erscheinen. Die Rose ist vielseitig verwendbar: in der Gemischten Rabatte, im Topf, aber auch zu beiden Seiten eines Weges oder einer Auffahrt. Auf jeden Fall sollte sie in unmittelbarer Nähe, auf einer Terrasse etwa, stehen, damit man ihren herrlichen Duft und die schönen Blüten entsprechend genießen kann.

Rosa 'Dembrowski'

Ursprung: Frankreich
(Vibert) 1849
Höhe: 1,2 m
Härtezone: 5
Bezugsquelle: 5

Diese farbenprächtige Remontant-Rose sollte in Gärten viel häufiger verwendet werden. Sobald sich die Kelchblätter teilen, kommt das leuchtende Rot der Knospen zum Vorschein. Die im Juni erscheinenden Blüten sind schön geformt, fest eingerollt und von anmutig gebogenen Kronblättern umgeben. Die lebhaft tiefrosa Kronblätter sind mit einem noch intensiveren Farbton abgesetzt. Die voll entfalteten Blüten (Durchmesser 9 cm) bewahren ihre leicht schalenförmige Gestalt. In lockeren Vierteln gruppieren sich die Kronblätter um das grüne „Auge" in der Mitte. Im Laufe der Zeit nimmt die Blüte einen warmen, silbrigen Rosaton an. Das schöne, blaßgrüne Laub besteht aus ziemlich schlaffen, spitzen Fiederblättern, die im Austrieb bronzefarben überlaufen sind.

'Dembrowski' ist wie geschaffen für den kleineren Garten. Sie wird nicht zu groß, blüht sehr ausdauernd und ist in der Farbabstufung, von den leuchtendroten Knospen bis zu den blaßsilbrigen Blüten, ausgesprochen dekorativ. Von eher biegsamem Wuchs, benötigt sie eine Stütze. Auch als Kletterrose erntet sie Bewunderung. Sie gedeiht gut im Halbschatten. Einen Blickfang stellt diese Rose in einer kleinen Gemischten Rabatte mit fein abgestimmter Farbgebung dar. Die hohen, schwankenden Blüten der ausdauernd blühenden, intensiv purpurkarmesinroten *Knautia macedonica* bilden eine großartige Ergänzung. Als Unterpflanzung wirkt *Geranium endressii* 'Wargrave Pink' mit blaßrosa Blüten und malerischem Laub besonders hübsch.

Rosa 'Du Maître d'École'

Ursprung: Frankreich (Meillez) 1840
Höhe: 90 cm
Härtezone: 4
Bezugsquellen: 5, 8, 18, 19, 36, 46

Diese reichblühende Gallica-Rose ist die ideale, klassische Strauchrose für den kleineren Garten, spiegelt sie doch im kleinen den ganzen Charakter der Ausgangsform wider. Zwischen den aufspringenden, spitzen Kelchblättern schaut das intensive Blutrot der Knospen hervor, während die herrlich gefüllten Blüten (Durch-

73

messer 8 cm) im Juni ein leuchtendes Tiefrosa mit dunklerer Magentatönung in der Mitte und silbrigem Rosa an den Rändern zeigen. Die anfangs feste Schalenform der Blüten weitet sich beim Aufblühen, so daß die gefalteten und gerüschten Kronblätter, zu wirbelnden Vierteln gruppiert, ein schön strukturiertes Bild bieten. Die schließlich voll entfalteten, stark duftenden Blüten enthüllen ein eigenartig grünes „Auge" in der Mitte und verblassen später zu vornehmem Lila. Das blaßgrüne Laub besteht aus schön gefältelten Fiederblättchen, und das junge Holz ist mit Flaum überzogen.

'Du Maître d'École' bildet einen untersetzten, kleinen Busch mit ausladenden Zweigen, die sich unter dem Gewicht der schönen Blüten bogig neigen. Als Mittelpunkt einer kleinen Rabatte wird diese Strauchrose die Farbkomposition prägen: am besten paßt die Rose zu Purpur-, Pflaumen- oder leuchtenden Rottönen. Sehr schön wirkt sie mit der bronzefarben belaubten, strauchigen *Abelia grandiflora* oder mit dem krautigen Fingerkraut, *Potentilla atrosanguinea*.

Rosa 'Duchesse de Buccleugh'

Ursprung: Frankreich
(Robert) 1860
Höhe: 1,8 m
Härtezone: 4
Bezugsquellen: 5, 32, 36, 47

Diese leuchtend magentarosa blühende Rose gehört zu den vortrefflichsten Gallica-Rosen. Sehr dekorativ sind die anschwellenden, blaßgrünen Knospen, die anfangs wie kleine, pralle Kugeln aussehen, umgeben von spitz zulaufenden Kelchblättern. Die halb geöffnete Blüte ist länglich und eingerollt und zeigt ein schönes, blasses Violettrosa, bevor die voll erblühten, gefüllten Blüten

(Durchmesser 8 cm) im Juni mit lebhaft leuchtendem Purpurrosa überraschen. Die Kronblätter gruppieren sich in der Mitte zu lockeren Vierteln und reihen sich am Rand, einander überlappend, in konzentrischen Kreisen. Das Laub besteht aus blaßgrünen, gezähnten Fiederblättern mit stark hervortretenden Adern. Die süß duftenden Blüten stehen in Büscheln an langen, mit dichten, feinen Stacheln besetzten Trieben.

Leider sieht man in den Gärten immer wieder die gleichen, etwas langweiligen Rosen – ganz selten eine Rose mit so starker Ausstrahlung wie 'Duchesse de Buccleugh', die in jeder Hinsicht eine Augenweide ist. Der starkwüchsige, buschige Strauch erregt selbst in der prachtvollsten Gemischten Rabatte Aufmerksamkeit. 'Duchesse de Buccleugh' gehört zu den größeren Gallica-Rosen, und obwohl sie nur einmal blüht, bietet sie in dieser Zeit einen grandiosen Anblick. Das sprühende Magentarot ihrer Blüten kann eine Bepflanzung in leuchtenden, aber dunklen Rot- und Purpurtönen beleben. Sie paßt aber auch in eine Kombination, in der Rosa- und Blautöne dominieren. Wo auch immer – ihr auffallendes Blattwerk, die beeindruckende Größe und die markante Struktur verfehlen ihre Wirkung nicht.

Rosa **'Duchesse de Montebello'**

Ursprung: Frankreich
(Laffay) 1829
Höhe: 1,2 m
Härtezone: 4
Bezugsquellen: 5, 8, 18,
20, 24, 31, 32, 33, 46

Bis ins kleinste Detail strahlt diese alte Gallica-Rose
Eleganz aus. Die Knospen sind prall, beinahe kugelig.
Da die spitzenartigen Kelchblätter über das Ende der
Knospen hinausragen, sehen sie wie winzige Artischok-
ken aus. Sobald sich die Kelchblätter geteilt haben, zeigen die Blütenknospen ein hübsches, rosageflecktes
Cremeweiß. Sie stehen in Büscheln an den hoch aufragenden Triebspitzen. Die im Juni erscheinenden gefüllten Blüten (Durchmesser 8 cm) sind blaß pastellrosa
mit grüngelbem „Auge". Sie duften schwach süßlich.
Die Kronblätter wirken seidig zart. Manche haben nach
oben gedrehte Spitzen, was die Blüten sehr anmutig
erscheinen läßt. Das dunkelgrüne Laub setzt sich aus
gezähnten Fiederblättern zusammen, die von der Mitte
ausgehend, elegant gefaltet und am jungen Holz rot
gerändert sind. Der Busch ist aufrecht und voll im
Wuchs.

'Duchesse de Montebello' ist im Charakter ausgesprochen feminin, und obwohl ihre Blüten sehr dekorativ sind, wirkt diese Rose nicht aufdringlich. Sie ist für
jede Rabatte eine Zierde, dennoch sollte man achtgeben,
daß ihre Wirkung nicht durch ungeeignete Nachbarpflanzen verfälscht wird. Creme- oder rosafarbene Blüten sehen am hübschesten dazu aus: verschiedene Sorten von *Monarda didyma* wie etwa die blaßrosa 'Beauty
of Cobham', rosa-mauvefarben blühende *Thalictrum
aquilegiifolium* und cremeweiße *Sidalcea candida*.

Rosa 'Duchesse de Verneuil'

Ursprung: Frankreich
(Portemer) 1856
Höhe: 1,5 m
Härtezone: 5
Bezugsqueller : 5, 32

Sie gehört zu den schönsten rosablühenden Moosrosen. Die außerordentlich dekorativen Knospen sind bemoost und von stark gegliederten, spitzen Kelchblättern umgeben. Wenn sich die Knospe öffnet, ist sie zunächst leuchtendrot; sie entwickelt sich dann zu einer sehr eleganten, kleinen Blüte, die eingerollt und tiefrosa gefärbt ist. Die im Juni voll entfalteten, gefüllten Blüten (Durchmesser 8 cm) zeigen einen lockeren Wirbel lebhaft rosaroter Kronblätter. Sie duften angenehm süß und muskatartig Das bemerkenswerte Laub besteht aus schlanken, blaßgrünen Fiederblättern mit gezähntem Rand. Die Rose wächst zu einem aufrechten Busch heran, dessen Blüten sich schön von dem Blattwerk abheben.

'Duchesse de Verneuil' blüht nur einmal, dafür aber mit einer überwältigenden Fülle einzigartig schöner Blüten. Am besten wirkt sie in der Gemischten Rabatte in

Verbindung mit Pflanzen, die sie farblich ergänzen. Ihr hübsches Laub ist auch nach der Blüte noch schmuckvoll. Der Busch bildet einen schönen Kontrast zu der frostempfindlichen *Buddleja crispa* mit zart violetten Blüten und beinahe weißen, filzigen Blättern. Die Katzenminze *Nepeta* 'Souvenir d'André Chaudron' eignet sich gut als Vorpflanzung, da sie den unteren Bereich der Rose mit leuchtendblauen Blütenähren kaschiert.

Unten: *Rosa eglanteria* Hybride 'Amy Robsart'

Rosa eglanteria

Ursprung: Europa
Höhe: 2,5 m
Härtezone: 4
Bezugsquellen: 3, 5, 6, 8, 9, 15, 18, 22, 24, 25, 27, 28, 29, 31, 32, 33, 34, 35, 37, 39, 46, 49, 51

Die ursprünglich als *Rosa rubiginosa* bekannte Apfel- oder Weinrose ist eine liebenswerte Wildrose mit anmutigem Wuchs, schmuckem Laub, schönen Blüten und dem für Rosen seltenen Vorzug, köstlich duftender Blätter; insbesondere nach einem Regen entfaltet sich ihr Apfelduft. Anspruchsvollen Gärtnern ist sie zu „wild" für den Garten; zwischen den Apfelbäumen meiner Obstwiese kommt sie jedoch erfreulich gut zur Geltung. Außerdem gibt es einige hübsche Züchtungen und Hybriden mit prachtvolleren Blüten, die zweifellos einen Platz im Garten verdienen. Die Wildrose hat behaarte Blütenknospen, die von Kelchblättern büschelartig umgeben sind. Sie öffnen sich im Juni zu tiefrosa

Blüten (Durchmesser 2,5 cm) mit blasserer Mitte und zeichnen sich durch markante Staubgefäße und süßen Duft aus. Das bezaubernde, graugrüne Laub besteht aus eleganten, fein gezähnten Fiederblättchen. An den leuchtendroten Hagebutten im Spätsommer haften noch die büschelartigen Kelchblätter der Blütenknospen. Die halbgefüllten Blüten (Durchmesser 8 cm) der Hybride 'Amy Robsart' sind viel größer als die der Ausgangsform. Auffallend schön sind ihr silbriges Magentarot und die herzförmigen Kronblätter. Das Laub gleicht dem der elterlichen Wildrose, ist aber dunkelgrün. 'Greenmantle' hat ungefüllte Blüten (Durchmesser 8 cm) in intensivem Karmesinrot mit blasserer Mitte, hervortretende Staubgefäße und hübsche, blaugrüne Blätter.

Rosa eglanteria bildet einen großen, lockeren Busch mit sehr stachligen Trieben. Auch wenn es gewiß keine Rose für die formale Rabatte ist, paßt sie doch gut in den naturnaheren Bereich des Gartens. In einer freiwachsenden Hecke klimmt sie in luftige Höhe und überzieht die Nachbarsträucher mit Girlanden von Blüten. Obwohl die Apfelrose nur einmal blüht, wirkt sie von dem Augenblick an, da sich die Blätter im Frühling entfalten, bis die Vögel ihre letzten Hagebutten im Winter verzehrt haben, ununterbrochen dekorativ. Begehrenswert ist sie allein schon aufgrund ihres berauschenden Apfeldufts, und wenn man sie etwas in Form schneidet, duften gerade die jungen Triebe am intensivsten.

Rosa 'Fantin-Latour'

Ursprung: Frankreich um 1900
Höhe: 1,8 m
Härtezone: 5
Bezugsquellen: 4, 5, 7, 8, 9, 11, 18, 19, 20, 23, 24, 29, 30, 31, 32, 33, 35, 36, 37, 39, 41, 45, 46

Von geradezu unwiderstehlichem Charme sind die Blüten dieser neueren Strauchrose, die im Charakter einer alten Zentifolie gleichen. Die leuchtendroten Knospen sind von länglichen, spitz zulaufenden Kelchblättern umgeben, die über die Enden der Knospen hinausragen. Daraus entfalten sich im Juni die gefüllten Blüten (Durchmesser 9 cm), deren blasses, liebliches Rosa da und dort dunkler gefleckt ist. In verschwenderischer Fülle erscheinen die büschelständigen Blüten mit den zahllosen, dicht gepackten Kronblättern, die wirbelartig gruppiert sind. Ihr Duft ist voll und intensiv süß. Auffallend ist auch das glänzende, etwas ledrige Laub mit hervortretenden Adern.

Obwohl diese Rose nur einmal blüht, sind ihre Blüten so bezaubernd, daß 'Fantin Latour' zur Elite der Strauchrosen zählt. Sie bereichert das Bild der Rabatte durch ihren aufrechten Wuchs und die schönen Blüten, die sich harmonisch mit anderen Pflanzen verbinden. Die zarte Farbe des Flors paßt am besten zu blaßsilbrigen Blautönen. Als wirkungsvolle Unterpflanzung eignen sich Edeldisteln wie *Eryngium bourgatii* oder *Eryngium alpinum*. Höhere, farblich abgestimmte Stauden wie lila Wiesensalbei, *Salvia pratensis*, und blaßviolette Formen von *Campanula latifolia* ('Gloaming' eignet sich gut) passen sehr schön dazu.

Rosa fedtschenkoana

Ursprung: Zentralasien
Höhe: 2,5 m
Härtezone: 4
Bezugsquellen: 5, 18, 23, 29, 48

Diese elegante Wildrose ist für mich so bezaubernd, daß ich hoffentlich auch den Leser von ihrem Charme überzeugen kann. Aus kompakten, kleinen Knospen mit spitz zulaufenden Kelchblättern entfalten sich im Juni die reinweißen, ungefüllten Blüten (Durchmesser 5 cm) mit einem hervortretenden Büschel zitronengelber Staubgefäße. Die Kronblätter wirken seidig zart und wellen sich sehr hübsch an den Spitzen. Die Hagebutten sind mit rötlichen Borsten bedeckt und mit feinstrahligen Kelchblättern gekrönt. Sobald sich die ersten Blüten entfaltet haben, beginnen sich die Früchte zu bilden. Diese Rose erfreut uns die ganze Saison über immer wieder mit ihrem Flor, dem im Herbst eine reizvolle Kombination orangeroter Hagebutten und schneewei-

ßer Blüten folgt. Das außergewöhnlich schöne, blaß blaugrüne Laub besteht aus stattlichen, auffallend gezähnten Fiederblättern, die entlang der Mitte leicht gefältelt sind. Die Triebe des großen, aufrechten Buschs sind mit feinen, roten Stacheln besetzt.

Alles in allem harmoniert diese reizvolle Rose mit nahezu jedem Farbschema in der Gemischten Rabatte und behauptet sich auch unter den prächtigsten Stauden. Eine wirkungsvolle Kulisse für nahezu alle Pflanzen stellt das schöne Laub dar. *Rosa fedtschenkoana* kommt jedoch auch zwischen den Bäumen eines Wildgartens gut zur Geltung.

Rosa 'Felicia'

Ursprung: England (Pemberton) 1928
Höhe: 1,2 m
Härtezone: 5
Bezugsquellen: 4, 5, 7, 8, 9, 13, 18, 19, 20, 29, 30, 32, 36, 37, 39, 46

Diese Rose gehört zu den schönsten Moschata-Hybriden. Sie bildet einen kompakten Busch mit herrlichen Blüten. Die Knospen wirken etwas unförmig, zeigen aber ein zartes Lachsrosa zwischen den aufspringenden Kelchblättern. Die im Juni erscheinenden Blüten sind hingegen wohlgeformt, mit eingerollten muschelrosa Kronblättern in der Mitte und blasseren silbrigrosa

Kronblättern, die sich am Rand zurückbiegen. Die voll entfalteten Blüten sind gefüllt (Durchmesser 8 cm), zu edlen Pompons aufgebauscht, blaßrosa, mit an den Rändern gekräuselten Kronblättern. Sie duften ganz süß und haben kräftiges, frischgrünes Laub.

Leichtigkeit und Eleganz kennzeichnen den Charakter von 'Felicia'. Der dekorative, üppige Flor, ihr köstlicher Duft und der gefällige Wuchs machen sie zu einer vortrefflichen Gartenpflanze. In kleineren Gärten wirkt sie kaum weniger spektakulär als ein wesentlich größerer Busch. In einer bescheidenen Gemischten Rabatte harmoniert sie gut mit weißen und blauvioletten Pflanzen, im übrigen sind kleinere Sträucher wie *Cistus*, Lavendel und Salbei harmonische Partner. Ich erinnere mich an eine wirkungsvolle Kombination mit den mauvefarben- und weißblühenden Trompeten von *Campanula latifolia*.

Rosa 'Félicité Parmentier'

Ursprung: Frankreich frühes
19. Jahrhundert
Höhe: 1,2 m
Härtezone: 4
Bezugsquellen: 5, 7, 8, 9,
24, 31, 32, 33, 36, 46

Diese Rose gehört zu den kleineren und zugleich schönsten Sorten der Alba-Rosen. Ihre Knospen sind von behaarten, dekorativen Kelchblättern umgeben, die beim Aufspringen pralle, verwaschen gelbe Blütenköpfe enthüllen. In üppigen Büscheln stehen sie über dem Laub. Im Juni erscheinen die gefüllten Blüten (Durch-

messer 8 cm), die in der Mitte muschelrosa und zum Rand hin deutlich blasser getönt sind. Anfangs leicht schalenförmig, drängen sich die inneren Kronblätter dicht zusammen, während sich die äußeren zurückbiegen. Voll aufgeblüht bilden sie eine schöne, flache Blütenrosette mit auffallend grünem „Auge" in der Mitte. Der flüchtige, aber süße Duft ist köstlich. Das graugrüne Laub besteht aus gezähnten Fiederblättern.

'Félicité Parmentier' ist nicht nur kleiner als andere Alba-Rosen, sondern auch kompakter, dabei geschlossen und buschig im Wuchs. Am besten verwendet man sie im kleinen Garten als Blickfang in einer schlichten Gemischten Rabatte – so entfaltet sie den ganzen Zauber einer Alba-Rose. Sie blüht zwar nur einmal, dafür aber über lange Zeit. Nach der Blüte wirkt der schön gewachsene und belaubte Strauch weiterhin dekorativ. Farblich harmoniert 'Félicité Parmentier' mit dem ganzen Spektrum von Weiß bis Rot, aber auch mit Mauvetönen wie etwa den Blüten der Katzenminze *Nepeta* 'Souvenir d'André Chaudron'. Ganz anspruchsvolle Gärtner sollten, wie bei andern Alba-Rosen, die büschelständigen Knospen auf zwei bis drei an der Zahl ausdünnen, um größere Blüten zu erhalten.

Rosa 'Ferdinand Pichard'

Ursprung: Frankreich
(Verdier) 1869
Höhe: 1,5 m
Härtezone: 5
Bezugsquellen: 5, 8, 9, 18,
19, 20, 24, 29, 30, 31, 32,
33, 36, 37, 39, 42, 46

'Ferdinand Pichard' ist eine Remontant-Rose des 20. Jahrhunderts, die einer Alten Rose an Ausstrahlung in nichts nachsteht. Ihre Knospen sind von spitz zulaufenden Kelchblättern umgeben; wenn sie sich teilen, enthüllen sie ein lebhaftes Rosarot. Im Juni erscheinen die prächtigen, weißen Blüten (Durchmesser 9 cm), die mit karmesinroten Streifen und Kringeln überzogen sind. Während das Innere der Blüten schalenförmig bleibt, biegen sich die äußeren Kronblätter zurück und entfalten ihr wie Strahlen von der Mitte ausgehendes Streifenmuster. Die Blüten stehen an hohen Trieben über dem Laub und duften süß. Das hübsche Laub besteht aus mittelgrünen, schön geformten Blättern mit gezähnten Rändern und glänzender Oberfläche.

Diese Rose zählt zu den schönsten mehrfarbig blühenden Rosen. Sie ist außergewöhnlich robust und bildet einen ansehnlichen Busch, der fast ebenso breit wie hoch wird. Die ganze Saison über bringt 'Ferdinand Pichard' ununterbrochen Blüten hervor. Besonders empfehlenswert ist diese Rose als dekorativer Mittelpunkt einer Rabatte, in der Rosa- und blasse Blautöne vorherrschen. Gut geeignet ist sie aber auch für den ganz kleinen Garten, der nur für eine einzige Rose Platz bietet. Auf einer Terrasse in der Stadt wirkt sie auch in einem großen Topf ungemein dekorativ. Um schön zu blühen, benötigt sie einen sonnigen Standort. Außerdem sollte man regelmäßig die welken Blüten abschneiden.

Rosa 'Fimbriata'

Ursprung: Frankreich
(Morlet) 1891
Höhe: 1,5 m
Härtezone: 4
Bezugsquellen: 5, 8, 9, 18,
20

Die unvergeßlichen Blüten dieser Rugosa-Hybride entfalten sich im Juni aus eleganten, spitzen Knospen mit weit über die Enden hinausragenden Kelchblättern. Die halbgeöffneten Blüten haben zunächst erstaunliche Ähnlichkeit mit Nelken (von daher auch die ehemalige Bezeichnung 'Dianthiflora'). Sie sind muschelrosa im Innern und verblassen zu einem sehr hellen Rosa am Rand. Voll entfaltet nehmen die locker gefüllten Blüten (Durchmesser 6 cm) jedoch insgesamt eine auffallend blaßrosa Tönung an. Die gekräuselten Spitzen der Kronblätter verleihen der Blüte Lebhaftigkeit. Der Duft erinnert eigenartig an Seife, das Laub ist glänzend hellgrün.

Gegenüberliegende Seite:
Rosa 'Ferdinand Pichard'

Diese außergewöhnlich reizvolle Rose zeichnet sich durch Zierlichkeit und dekorative Wirkung aus. Sie gedeiht in leichtem Schatten – in der Sonne verblaßt die zarte Färbung der Blüten sehr schnell. Diese öfterblühende, schmuckvoll belaubte Rose hat das Flair des Besonderen. Sie bildet einen dichten, aufrechten Busch, der einer Rabatte Struktur verleiht.

Rosa foetida 'Persiana'

Ursprung: England
(Willock) 1837
Höhe: 1,2 m
Härtezone: 4
Bezugsquellen: 4, 5, 8, 11,
18, 19, 23, 24, 25, 28, 29,
32, 35, 46

Es mag beinahe grotesk erscheinen, eine Rose aufzuführen, der es nicht nur an Duft fehlt, sondern die regelrecht unangenehm riecht: nach Wanzen nämlich, wie man teilweise in der Fachliteratur lesen kann. Da der Geruch jedoch nicht stark ist, läßt er sich nur wahrnehmen, wenn man die Nase förmlich hineinsteckt. Was diese Rose dennoch empfehlenswert macht, sind die herrlichen Blüten im Hochsommer, und es gibt tatsächlich keine andere, die ihr farblich gleichkäme in dieser Jahreszeit. Die gefüllten Blüten (Durchmesser 8 cm) öffnen sich im Juni aus dekorativen, prallen Knospen. Anfangs schalenförmig und kugelig, weiten sie sich voll erblüht zu beinahe flachen Tellern. Die eingerollten, einander überlappenden Kronblätter bilden eine lebhafte Struktur, und in der Mitte mischen sich die kleineren Kronblätter unter die Staubgefäße. Das warme Goldgelb der Blüten hat keinerlei Ähnlichkeit mit dem beißend künstlichen Gelb so vieler neuerer Rosen. Das

Laub besteht aus graugrünen, fein gezähnten Fiederblättchen mit glänzender Oberfläche. Ein sonniger, geschützter Standort ist Voraussetzung für reichen Blütenflor.

'Persiana' bildet einen aufrechten, stachligen Busch
mit unverkennbarem Wildrosencharakter, der gut mit
Blau-, Creme- und Gelbtönen harmoniert.

Rosa × francofurtana

Ursprung: Europa, Garten,
vor 1583
Höhe: 1,2 m
Härtezone: 6
Bezugsquelle: 25

Die Identität dieser Rose gibt Rätsel auf. Sie ist als
'Empress Josephine' (oder 'Impératrice Josephine') bekannt und wurde in deren großartiger Sammlung in
Schloß Malmaison gezogen. Diese Arthybride ist aber
wohl wesentlich älter; laut einer Beschreibung fand sie
sich nämlich bereits im 16. Jahrhundert in einem Frankfurter Garten. Obgleich sie in der Regel als Gallica-Rose
klassifiziert wird, ist unklar, wer ihre Vorfahren sind.
Die malerischen, schön gerundeten Knospen krönt ein
kleiner Busch aus Kelchblättern. Im Juni öffnen sich die
gefüllten Blüten (Durchmesser 9 cm). Sie sind zunächst
zierlich schalenförmig und intensiv karmesinrosa ge

färbt, voll erblüht dann aber leuchtend tiefrosa in der Mitte und silbrigrosa an den Rändern. Die Kronblätter sind anmutig gekräuselt und gewellt. Die Rose duftet angenehm würzig. Das mittelgrüne Laub besteht aus auffallend tief geaderten und gefalteten Fiederblättern.

Die schönen Blüten von *Rosa × francofurtana* kommen vor dem hübschen Laub gut zur Geltung – ein malerischer Blickfang innerhalb einer Gemischten Rabatte. Einen prächtigen Kontrast bildet das kühle Grau von Artemisien oder Kardonen.

Rosa 'Frau Karl Druschki'

Ursprung: Deutschland
(Lambert) 1901
Höhe: 1,8 m
Härtezone: 5
Bezugsquellen: 5, 7, 8, 23, 24, 29, 32, 33, 46, 48

Weiße Rosen können in voller Sonne manchmal fast schmerzhaft blenden. Die Blüten der Remontant-Rose 'Frau Karl Druschki' wirken durch den cremefarbenen Grundton indes gedeckter. Im Juni erscheinen die ersten gefüllten Blüten (Durchmesser 9 cm); sie sind schalenförmig und stehen in üppigen Gruppen. Die Knospen sind purpurrosa, und auch die voll entfalteten Blüten lassen noch einen Hauch Rosa erkennen. Sie duften nur schwach, aber sehr süß. Das reizvolle Laub ist schön geformt, leicht gezähnt und vornehm blaugrün getönt. Die fleischigen Triebe sind stark bewehrt. Wie andere großblütige, weiße Rosen reagiert 'Frau Karl Druschki' ausgesprochen empfindlich auf Regen. Alles in allem handelt es sich aber um eine sehr gesunde und robuste Rose.

Öfterblühende, weiße Rosen mit edlen Blüten sind im Garten besonders geschätzt. 'Frau Karl Druschki' galt mit ihrem aristokratischen Habitus lange als eine der beliebtesten Rosen. Am wirkungsvollsten verwendet man sie in der Gemischten Rabatte zusammen mit blaßrosa *Cistus* und zartblauen Glockenblumen vor grauem Laub. Auch in einer weißen oder pastellfarbenen Bepflanzung hat sie sich als Schmuckelement bewährt. Die bis zu 4,5 m hoch werdende, kletternde Form hat sämtliche Vorzüge ihrer eher erdgebundenen Schwester.

Rosa 'Fritz Nobis'

Ursprung: Deutschland (Kordes) 1940
Höhe: 1,5 m
Härtezone: 5
Bezugsquellen: 5, 7, 8, 13, 18, 19, 23, 29, 30, 32, 33, 35, 36, 37, 39, 46, 48

Obwohl in dem komplexen Stammbaum dieser neueren Strauchrose gewisse Charakterzüge der Teehybriden vertreten sind, wirkt 'Fritz Nobis' keineswegs derb und unproportioniert wie so viele Teerosen-Züchtungen. Diese Rose bringt eine verschwenderische Fülle von Knospen hervor, die ein beträchtliches Maß an Charme von den alten Strauchrosen geerbt haben. Prall, anfangs von langen, spitz zulaufenden Kelchblättern umgeben, öffnen sie sich allmählich und enthüllen ein herrliches Blaßrosa. Die gefüllten Blüten (Durchmesser 8 cm), die sich im Juni öffnen, fallen durch ein warmes

Rosarot und angenehm würzigen Duft auf. Die Kronblätter sind am Rand leicht gekräuselt, zu lockeren Vierteln gruppiert, dabei nach außen zurückgebogen und von deutlich blasserer Tönung. 'Fritz Nobis' ist eine einmalblühende Rose, die jedoch über Wochen einen unvorstellbar reichen Flor hervorbringt. Ihr schönes großflächiges Laub ist rund-oval und gezähnt. Im Herbst trägt sie Unmengen orangeroter Hagebutten.

Obgleich 'Fritz Nobis' wie viele neuere Züchtungen wuchsfreudig und robust ist, zeugen die Blüten von älterer Tradition. Diese Rose wächst zu einem großen, fast ebenso breiten wie hohen Busch heran. Nicht nur die Blütenpracht, sondern auch das hübsche Laub bilden in einer großen Gemischten Rabatte ein dekoratives Element. Die starkwüchsige Rose läßt sich aber auch ausgezeichnet als Kletterpflanze ziehen, zumal ihr Flor so noch besser zur Geltung kommt. Das bietet sich insbesondere in kleineren Gärten an, wo die Strauchform unverhältnismäßig groß erscheinen würde.

Rosa 'Fru Dagmar Hastrup'

Ursprung: Deutschland (Hastrup) 1914
Höhe: 1,5 m
Härtezone: 4

Wer könnte sich der sprühenden Frische von Blüte und Laub dieser Rugosa-Hybride entziehen! Die Knospen sind typisch für Rugosa-Rosen; mit sich verjüngenden, spitzen Kelchblättern geschmückt, fallen sie durch die längliche, kompakt eingerollte Form auf. Kurz vor dem Aufblühen kommt der dunklere Ton der Blütenfarbe zum Vorschein. Die Anfang Juni erscheinenden süß duftenden Blüten (Durchmesser 10 cm) sind ungefüllt, leuchtend silbrigrosa und mit einem markanten Büschel goldgelber Staubgefäße versehen. Die leicht gebogenen Kronblätter wirken zart wie Seide und verleihen den Blüten eine weichen, zwanglosen Charakter. Ihr Flor erfreut uns die ganze Saison über. Das einzigartig schöne Laub ist tief geadert, und die ausgesprochen ledrigen Blätter mit stark glänzender Oberfläche sind entlang der Mitte gefaltet. Ziemlich früh schon färben sich die herrlichen, leuchtend karmesinroten Hagebutten – sie erscheinen gleichzeitig mit den Blüten.

Diese Rose ist in vieler Hinsicht eine hervorragende Beetrose. Abgesehen davon, daß sie im Halbschatten sehr schön blüht, kommt auch ihr funkelndes Blattwerk hier am besten zur Geltung. Sie wächst zu einem stattlichen, schmucken Busch heran. Da ihre Blüten farblich mit vielen anderen Pflanzen harmonieren, bildet sie in kleineren Gärten einen wirkungsvollen Mittelpunkt in der Gemischten Rabatte.

Rosa 'Frühlingsanfang'

Ursprung: Deutschland
(Kordes) 195C
Höhe: 2,5 m
Härtezone: 4
Bezugsquellen: 5, 9

Zu den großen Leistungen der Rosenzüchter von heute gehört die Einführung von Varietäten, die den Wildcharakter der als Zuchtgrundlage dienenden elterlichen Rosen unterstreichen. Ein hervorragendes Beispiel dafür ist 'Frühlingsanfang', eine Kreuzung zwischen der

91

Bibernellrose, *Rosa pimpinellifolia*, und einer Gartenrose. Die schön geformten Knospen öffnen sich im Juni zu prächtigen, elfenbeinweißen, ungefüllten Blüten (Durchmesser 10 cm). Auf dem Höhepunkt der Entwicklung teilen sich die herzförmigen Kronblätter mit den schwach gekräuselten Enden vollends und verleihen der Blüte eine bezaubernde Wirkung. Die Kronblätter sind dünn wie Seide, und das strahlenförmige Muster der Adern, das von dem Büschel wirbelnder Staubgefäße in der Mitte ausgeht, unterstreicht ihre Gestalt. Der eigenartige Duft erinnert mehr an eine Päonie als an eine Rose. Das prächtige Laub mit den zierlichen, gezähnten Fiederblättern bezeugt die Herkunft von der Bibernellrose. Bezaubernd wirken im Herbst die glänzenden Hagebutten und die schöne Laubfärbung.

Diese aristokratische Rose strahlt in ihrem ganzen Wesen Eleganz aus. Sie bildet einen stark bewehrten Busch, den man auf keinen Fall in eine Rabatte oder formale Bepflanzung zwängen sollte. Ich erinnere mich an 'Frühlingsanfang' in einem kleinen Waldbereich im Halbschatten, wo sie sich dekorativ zwischen andere große Rosen und stattliche Sträucher wie *Viburnum plicatum* und *Hydrangea quercifolia* einfügte.

Rosa 'Frühlingsgold'

Ursprung: Deutschland (Kordes) 1937
Höhe: 2 m
Härtezone: 4
Bezugsquellen: 2, 5, 6, 7, 8, 9, 15, 18, 19, 20, 23, 25, 27, 28, 29, 35, 36, 37, 39, 44, 46

Die großartigen Strauchrosen von Kordes zeichnen sich durch unverkennbaren Wildrosencharakter aus und gehören zu den edelsten und wertvollsten neueren Gartenpflanzen überhaupt. Die elegant eingerollten, länglichen Knospen der Sorte 'Frühlingsgold' zeigen ihr Primelgelb bereits Anfang Mai, und gegen Ende des Monats öffnen sich die Blüten (Durchmesser bis zu 11 cm). Sie zählen gewiß zu den aufregendsten frühblühenden Rosen: groß, halbgefüllt, leicht schalenförmig, schlüsselblumengelb und süß duftend. Das Büschel goldfarbener Staubgefäße hebt sich von der dunklergelben Blütenmitte ab. Mit der Zeit nehmen die Blüten einen gedämpfteren Elfenbeinton an, der in schönem Kontrast zu den gelben Knospen steht. Das hübsche Laub, das aus anmutig gezähnten, graugetönten Fiederblättchen besteht, läßt keinen Zweifel an der Abstammung von *Rosa pimpinellifolia* aufkommen.

'Frühlingsgold' bildet einen großen, offenen Busch mit überhängenden, reich blühenden Trieben. Diese anspruchslose Rose gedeiht nahezu in jedem Boden und blüht schön im Halbschatten. In einem üppig bepflanzten Frühlingsbeet kommt sie sehr gut zur Geltung. Ein großartiges Bild bietet sich, wenn ihre Triebe über den stattlichen Horsten der gelbblühenden *Euphorbia characias* var. *wulfenii* aufragen.

Rosa gallica var. officinalis

Ursprung: Naher Osten
Höhe: 1,2 m
Härtezone: 4
Bezugsquellen: 5, 7, 8, 9, 18, 19, 20, 21, 29, 30, 31, 32, 33, 36, 37, 39, 41, 46, 48

Die sogenannte Apotheker- oder Provence-Rose gelangte wahrscheinlich zur Zeit der Kreuzzüge im 13. Jahrhundert nach Europa – fest steht, daß sie bereits um das Jahr 1400 bekannt war. Arabische Ärzte hatten ihre heilenden Substanzen entdeckt, und später wurde sie in Europa in Unmengen für diesen Zweck verwendet. (Im Kloster war die „officina" der Lagerraum für Arzneien.) Sehr schön wirken ihre prallen, blutroten Knospen, die sich, umgeben von spitzen Kelchblättern, zu großen, halbgefüllten Blüten (Durchmesser 11 cm) öffnen. Die herrlich zerbrechlichen Kronblätter sind zart wie Seide. Anfangs prachtvoll magentarot, nehmen sie später ein blasseres Karmesinrosa an, während sich die zunächst schalenförmigen Blüten weiten und ein auffallendes Büschel aus Staubgefäßen enthüllen. Der

Duft ist köstlich intensiv und angenehm würzig. Das blaßgrüne Laub ist ziemlich ledrig, die gefiederten Blätter sind markant geadert. Die behaarten Hagebutten fallen im Herbst durch leuchtendes Backsteinrot ins Auge.

Kräftige Färbung, außergewöhnlich anmutig geformte Blüten und einzigartiger Duft zeichnen die Apotheker-Rose aus. Einen beeindruckenden Anblick bietet sie freiwachsend als dekorative Hecke in einem Gemüsegarten – anklingend an die Verwendung in früherer Zeit. Auch zusammen mit Rot- und Purpurtönen in einer Gemischten Rabatte wirkt sie belebend frisch.

Rosa gallica 'Versicolor'

Ursprung: Europa, Asien
vor 1583
Höhe: 90 cm
Härtezone: 4
Bezugsquellen: 5, 7, 8, 9, 18, 19, 20, 23, 24, 29, 30, 32, 33, 36, 37, 39, 46, 48

Diese auch als 'Rosa Mundi' bekannte Züchtung der Wildrose, *Rosa gallica*, gehört zu den ältesten Gartenrosen und zu den frühesten Kultivaren einer Pflanze überhaupt. Aber nicht nur aus historischer Sicht gebührt dieser Rose heute ein Platz im Garten, sondern weil sie ungemein dekorativ ist. Die schön geformten Knospen, die in herrlich flammendem Rot in großzügigen Büscheln stehen, öffnen sich im Juni und enthüllen halbgefüllte, reizvoll schlaff wirkende Blüten

(Durchmesser 9 cm) mit rosa Grund und hübschen, karmesinroten Streifen und Flecken. Der köstliche Duft ist angenehm würzig. Die gewellten, einander überlappenden Kronblätter verleihen der Blüte eine lebhafte Struktur. Obgleich die Rose im Wuchs recht klein ist, sind ihre Triebe so biegsam, daß sie unter dem Gewicht der Blüten leicht auseinanderfallen und eventuell eine Stütze benötigen. Das erfrischend blaßgrüne, tief geaderte Laub besteht aus langen, spitzen Fiederblättern, und die Triebe sind mit ganz feinen Stacheln besetzt.

Die Ausläufer treibende 'Rosa Mundi' bildet eine bewundernswert dekorative, exotisch wirkende Hecke, die sich nach der Blüte etwas in Form schneiden läßt. Ich erinnere mich an einen schmalen Plattenweg, den sie mit köstlich duftenden Blüten säumte. Die apart gestreiften Blüten erscheinen in großer Fülle über lange Zeit. Vor schlichten Pflaster- oder Backsteinflächen kommt diese Rose großartig zur Geltung.

Rosa 'Gertrude Jekyll'

Ursprung: England (Austin) 1987
Höhe: 1,2 m
Härtezone: 5
Bezugsquellen: 5, 9, 10, 13, 18, 24, 25, 29, 30, 31, 32, 37, 39, 46,

Diese moderne Strauchrose weist viele Vorzüge der Alten Rosen auf, verbunden mit der Wuchsfreude und der ausdauernden Blühkraft neuerer Züchtungen. Sehr dekorativ wirken die rundlichen Knospen mit den gedrehten Spitzen der Kelchblätter; beim Öffnen enthüllen sie ein auffallendes Karmesinrot. Im Juni erscheinen die stark gefüllten, tiefrosa Blüten (Durchmesser 11 cm), die zum Rand hin in blasseres Rosa übergehen. Die Kronblätter sind nach innen gewandt, und gruppieren sich, obgleich in verschiedene Richtungen wirbelnd, zu einem lockeren Viertelmuster. Sie duften ausgezeichnet. Die Blüten stehen in üppigen Büscheln über dem leuchtend dunkelgrünen Laub, das aus ansehnlich gerundeten und gezähnten Blättern besteht. Blattwerk und Holz sind bronzefarben überlaufen.

'Gertrude Jekyll' läßt sich vor allem für den kleineren Garten empfehlen, wo ihre üppige, ausdauernde Blütenpracht sowie ihr stattlicher und kompakter Habitus besonders willkommen sind. In einer bescheidenen Rabatte kann sie als dominierendes Gehölz ein lebhaftes Farbthema aus Rot- und Purpurtönen vorgeben. Aber auch in größerem Rahmen wird diese Rose das Gesamtbild prägen. Beeindruckend wirkt sie als Zweiergruppe in großen Töpfen – sie erfüllt die ganze Terrasse mit köstlichem Rosenduft.

Rosa 'Glamis Castle'

Ursprung: England (Austin) 1992
Höhe: 90 cm
Härtezone: 5

David Austin hält diese neue Rose für seine bisher beste weißblühende Züchtung. Pralle, rosa getönte Knospen öffnen sich manchmal schon im April zu üppig gefüllten, weißen Blüten (Durchmesser 10 cm). Leicht schalenförmig, sind die zarten Kronblätter am Rand zurückgebogen, jene zur Mitte hin dagegen nach innen gerollt, was der Blüte eine reizvolle, charmante Gestalt verleiht. Die Blütenfarbe ist nicht reinweiß, sondern im Innern blaß cremerosa. Der Duft der Rose erinnert entfernt an Muskat. Das Laub ist großflächig und etwas rauh. 'Glamis Castle' blüht gewöhnlich ununterbrochen vom April bis zum Herbst.

Allein schon aufgrund der schönen Blüten darf diese Rose im Garten nicht fehlen. Sie ist so dekorativ, daß sie sich vielfältig verwenden läßt. Am besten kommt sie jedoch in Verbindung mit anderen Pflanzen zur Geltung. Als ausdauernd und reich blühende Rose mit fein changierendem Farbenspiel stellt sie auch in einem vorwiegend weißen Pflanzschema oder in einer auf Creme-, Pastellrosa- und zarten Blautönen aufbauenden Kombination einen Blickfang dar. Auf einer Terrasse oder in einem kleinen Garten wirkt sie als Topfpflanze sehr malerisch.

Rosa glauca

Ursprung: Mittel- und Südeuropa
Höhe: 2,4 m
Härtezone: 2
Bezugsquelle: fast überall erhältlich

Wenige Rosen wirken das ganze Gartenjahr über so dekorativ wie diese einzigartige, ehemals als *Rosa rubrifolia* bekannte Rose. Die grauen, rot überlaufenen Blätter sind außergewöhnlich schön: zierlich, schwach gezähnt, rot gerändert und entlang der Mitte gefaltet. Im Juni öffnen sich die ungefüllten Blüten (Durchmesser 4 cm) aus gräulich roten Knospen, die zur Spitze hin auslaufen. Sie sind zunächst intensiv rosarot, werden dann aber blasser. Die Blütenmitte ist weiß und fällt durch hervortretende Staubgefäße ins Auge. Die schön geformten Hagebutten leuchten hochrot. *Rosa glauca* ist sehr robust und gehört zu den frostverträglichsten Rosen. Sie versamt sich mäßig, und da die Schönheit des Laubes leicht variiert, empfiehlt es sich, die Sämlinge zu selektieren.

Der aufrechte Wuchs und die hohen, bogig überhängenden Triebe machen *Rosa glauca* zu einer bewundernswerten Rose für die Gemischte Rabatte. Sie verleiht der Bepflanzung Struktur. Die Laubfarbe paßt sich nahezu jedem Farbschema an, gliedert sich aber am besten zwischen flammende Rot- und Purpurtöne ein. Die tiefvioletten Blüten von *Gladiolus communis* bilden eine herrliche Ergänzung, und die kleineren, dunkellila Blüten von *Clematis viticella* lassen sich wirkungsvoll an ihren Zweigen hochziehen.

Rosa 'Gloire de France'

Ursprung: Frankreich vor 1819
Höhe: 90 cm
Härtezone: 4
Bezugsquellen: 5, 18, 19, 20, 33, 36, 46

Diese alte Gallica-Rose gehört mit ihrem üppigen Blütenflor und dem süßen Duft zu den schönsten Rosen mit gefüllten, leuchtendrosa Blüten. Die nahezu kugelförmigen, aber spitz zulaufenden Knospen sind dekorativ von spitz-ovalen Kelchblättern eingerahmt. Sie entfalten sich im Juni und weiten sich zu einzigartig gefüllten Blüten (Durchmesser 8 cm), die in der Mitte tiefrosa und an den Rändern blaß silbrigrosa getönt sind. Im Innern drängen sich die Kronblätter dicht gepackt, während sich die äußeren so weit zurückbiegen, daß die Blüten in fortgeschrittenem Stadium eine beinahe kugelige Gestalt annehmen und die Farbe zu lila überlaufenem Wollweiß verblaßt. Die angenehm süß duftenden Blüten erscheinen in großer Zahl und stehen an hohen, behaarten Trieben über dem hübschen, blaßgrünen Laub.

Diese kleine Strauchrose neigt, ebenso wie andere Gallica-Rosen, zu lockerem Wuchs, bildet aber einen ausladenden, fast ebenso breiten wie hohen Busch, und ist damit vergleichsweise weniger kopflastig. Am besten kommt diese Rose zwischen anderen Pflanzen, die zugleich als Stütze dienen können, zur Geltung. Sehr schöne Partner sind Lavendel und Salbei, insbesondere *Salvia officinalis* 'Tricolor' mit seinem ausnehmend hübschen, rosagefleckten Laub.

Ursprung: USA (Shepherd) 1956
Höhe: 1,5 m
Härtezone: 4
Bezugsquelle: fast überall erhältlich

Rosa 'Golden Wings'

Diese Neuzüchtung, in deren Stammbaum die Bibernellrose, *Rosa pimpinellifolia*, vertreten ist, zählt zu den schönsten aller gelbblühenden Strauchrosen. Sie hat ihren Wildrosencharakter weitgehend bewahrt. Die Knospen wirken unmittelbar bevor sich die Blüten öffnen herrlich dekorativ: länglich, flaschenförmig, das hübsche Zitronengelb von spitzen Kelchblättern eingerahmt. Die schwach halbgefüllten, leuchtend primelgelben Blüten (Durchmesser 9 cm) öffnen sich im Juni und duften süß. Durch die teils gebogenen, teils gerüschten Kronblätter entsteht der Eindruck von Bewegung. Die Mitte schmücken auffallend goldbraune Staubgefäße. Das Laub besteht aus schwach gezähnten, graugrünen Fiederblättern. Der kräftige, starkwüchsige Busch fällt durch offenen Wuchs und verzweigte, kaum bewehrte Triebe auf.

'Golden Wings' blüht in reicher Folge die ganze Saison über und gedeiht am besten an einem sonnigen Standort. Obgleich sie unverkennbar vieles vom Wildrosencharakter wesentlich größerer Rosen geerbt hat (der sogenannten Frühlings-Serie etwa), eignet sich die kompakte Rose gut für kleinere Gärten. In einer Gemischten Rabatte bietet sie in Verbindung mit den cremegelben Blüten des ausdauernden Fingerhuts, *Digitalis grandiflora*, ein ebenso bezauberndes Bild wie mit dem eher schwefligen Gelb von *Verbascum bombyciferum*.

Rosa 'Great Maiden's Blush'

Ursprung: Europa
15. Jahrhundert
Höhe: 1,8 m
Härtezone: 4
Bezugsquellen: 5, 18, 19, 20, 33, 36, 37, 46, 48

Diese großartige Alba-Rose gehört zu den ältesten, noch heute gängigen Gartensorten und zu den schönsten Kulturpflanzen überhaupt. Die schönen, cremerosa Knospen sind prall, schwach behaart und von spitz zulaufenden Kelchblättern umschlossen, die weit über die Spitzen der Knospen hinausragen. Im Juni öffnen sich die gefüllten, blaßrosa Blüten (Durchmesser 8 cm), die köstlich süß und würzig duften. Die Blüten sind anfangs leicht schalenförmig und kompakt eingerollt, fallen aber später auseinander und verblassen zu fast reinem Weiß. An jedem Trieb stehen zahlreiche Blüten. Das Laub ist typisch für die Alba-Gruppe: herrlich dekorativ, blaugrün, die gefiederten Blätter ansehnlich rund-oval und gezähnt. In Frankreich kennt man die Rose als 'Cuisse de Nymphe' (Schenkel der Nymphe). Es gibt auch eine Form in intensiverem Rosarot mit dem herrlichen Namen 'Cuisse de Nymphe Émue'.

'Great Maiden's Blush' blüht zwar nur einmal, dafür aber sehr ausdauernd. Danach wirkt das schöne Laub dieses einzigartigen Buschs die ganze Saison über dekorativ. Diese stattliche und aufrechte Rose bildet einen unübersehbaren Blickfang; wie ein kraftvoller Rahmen wirkt je ein Strauch am Anfang und Ende einer großen Rabatte. Aufgrund der feinen Färbung von Blüte und Laub fällt es nicht leicht, passende Begleitpflanzen auszuwählen. Grobes oder Derbes sollte man von vornherein ausschließen. Pflanzen mit architektonischem Wuchs wie die großartigen Kardonen, *Cynara cardunculus*, oder die silberlaubige Ölweide, *Elaeagnus* 'Quicksilver', wirken als Partner bezaubernd.

Rosa 'Gros Choux de Hollande'

Ursprung: Unbekannt
Höhe: 1,8 m
Härtezone: 5
Bezugsquellen: 5, 8, 11, 18, 32, 33, 46

Die Identität dieser Bourbon-Rose ist mysteriös, und es scheint, daß ihr Name manchmal fälschlicherweise für andere Rosen verwendet wird. Ich habe 'Gros Choux de Hollande' im Garten von Kiftsgate Court (einer renommierten und herrlichen Sammlung Alter Rosen) erlebt und bewundert. Im Juni öffnen sich die bezaubernden, zartrosa Knospen zu üppig gefüllten, herrlich tiefrosafarbenen Blüten (Durchmesser 11 cm). Die Spitzen der dicht gedrängten Kronblätter sind teils zurück-, teils nach vorn gebogen und wirbeln in unterschiedliche Richtungen. Manche der Kronblätter sind an den Spitzen gerüscht und heller getönt als das Blüteninnere. Obwohl die Blüten hoch über dem Laub stehen, biegen sich die schlanken Triebe unter ihrem Gewicht, als ob sie vornüber fallen wollten. Sie duften würzig süß. Das mittelgrüne Laub besteht aus rund-ovalen, markant gezähnten und spitz zulaufenden Blättern. Die fleischigen Triebe sind ganz blaßgrün und sehr fein bestachelt.

'Gros Choux de Hollande' bildet einen stattlichen, kräftigen Busch. Die großen, üppigen Blüten sind harmonisch auf die Proportionen abgestimmt. Für eine großzügige Gemischte Rabatte ist dies eine prächtige Rose. Als Partner eignen sich blaßblaue Glockenblumen und *Geranium* wie etwa ausgewählte Formen von hochwüchsigerem *G. pratense* oder *Campanula latifolia* mit Blütentrauben, die sehr schön zur Rose passen.

Rosa 'Gruß an Aachen'

Ursprung: Deutschland (Geduldig) 1909
Höhe: 60 cm
Härtezone: 5
Bezugsquellen: 5, 7, 8, 9, 18, 19, 20, 23, 31, 32, 33, 35, 46, 50

Viele der besten neueren Rosen wurden zu Beginn des 20. Jahrhunderts gezüchtet, sind aber aus unerfindlichen Gründen aus der Mode gekommen. 'Gruß an Aachen' ist eine öfterblühende Polyantha-Rose mit entzückenden Blüten und gutem, süßem Duft – alles in allem eine ausgezeichnete Gartenpflanze. Die rosaroten Knospen öffnen sich, umgeben von spitz zulaufenden Kelchblättern im Juni zu gefüllten, cremerosa Blüten mit einem Durchmesser von 9 cm. Ansehnlich aufgerichtet präsentieren sie ihre sehr schön geformten Rosetten, die aus einer Fülle hauchdünner, gefältelter Kronblätter bestehen. In fortgeschrittenem Stadium verblaßt das Rosa der Blüten zu Cremeweiß. Das dunkelgrüne Laub ist nicht außergewöhnlich.

Als Blickfang für den kleineren Garten läßt sich wohl kaum eine schönere Rose finden. Süß duftend blüht sie die ganze Saison hindurch. Sie verbindet sich harmonisch mit vielen anderen Pflanzen und wächst zu einem kompakten, aufrechten Busch heran, der in einer kleinen Gemischten Rabatte ausdrucksvoll und markant wirkt. In Begleitung zierlicher, rosa- und weißblühender Stauden wie *Diascia* und Nelken, oder mit niedrigen, lebhafter gefärbten Sträuchern wie *Cistus × pulverulentus* bietet sie ein großartiges Bild. Auch im Topf kommt 'Gruß an Aachen' allein oder in Verbindung mit anderen Pflanzen auf der Terrasse oder an einer Treppe hervorragend zur Geltung.

Ursprung: England
(Sunningdale Nurseries)
1957
Höhe: 2,5 m
Härtezone: 6
Bezugsquellen: 5 ,18

Rosa 'Heather Muir'

Diese großartige Rose entstand als Sämling der im Himalaja heimischen Wildrose, *Rosa sericea*. Aus kleinen, rundlichen Knospen öffnen sich im Mai die ungefüllten, weißen Blüten (Durchmesser 5 cm). Einen Kontrast zu der blaßgelben Mitte bilden die hervortretenden goldgelben Staubgefäße. Der Duft ist flüchtig und süß. Die dichtgedrängten Kronblätter sind an den Rändern leicht gekräuselt. Obgleich die Rose nur einmal blüht, dehnt sich ihre Blütezeit über mindestens zwei Monate aus. Das reizvolle, farnartig eingeschnittene Laub besteht aus unzähligen, fein gezähnten Fiederblättchen. Am jungen Holz fallen die dichten, keilförmigen, roten Stacheln auf. Die schönen Hagebutten im Herbst sind orangerot und elegant birnenförmig.

Einen geradezu überwältigenden Anblick bietet diese herrliche Rose, wenn sie zu Beginn des Gartenjahrs in voller Blüte steht. Dennoch läßt sie sich gerade aufgrund ihres Wildrosencharakters nur schwer in den Garten einbinden, da angesichts ihrer schlichten Schönheit viele Gartenpflanzen überzüchtet wirken. 'Heather Muir' bildet ein beträchtliches Dickicht und wird fast ebenso breit wie hoch. Diese Rose paßt ausgezeichnet in den eher naturbelassenen Bereich des Gartens. Da sie im Halbschatten schön blüht, ist eine Waldlichtung mit Bäumen und großen Sträuchern als Rahmen ideal.

Rosa 'Hebe's Lip'

Ursprung: England (Paul) 1912
Höhe: 1,2 m
Härtezone: 4
Bezugsquellen: 5, 18, 33, 46

Diese bezaubernde Rose ist eine Kreuzung zwischen der Damaszener-Rose und der in Europa heimischen Apfel- oder Weinrose, *Rosa eglanteria*. Obgleich sie erst seit 1912 im Handel ist, dürfte sie sicherlich viel älter sein. Die hübschen, rosa-weißen Blütenknospen öffnen sich im Juni zu halbgefüllten, weißen Blüten (Durchmesser 8 cm). Manche der Kronblätter haben rote, wie in Tinte getunkte Spitzen. Eingerollt und gewellt bilden die seidigen Kronblätter einen lebhaften Rahmen für die auffallenden dottergelben Staubgefäße in der Mitte. Die Blüten duften zart süß. Das Laub gleicht im Charakter dem der Apfelrose: elegante, frischgrüne Blätter, die köstlich herb-süß nach Äpfeln duften. Auch die Triebe leugnen ihre Abstammung von der Wildrose nicht, sie sind über und über mit roten Stacheln besetzt.

Der besondere Reiz dieser Rose liegt im Kontrast zwischen ihrer natürlichen Schlichtheit und der kunstvollen Gestaltung der Blüten. Der markante, kleine Busch mit den verzweigten, stachligen Trieben ist wie geschaffen für ein farbenfrohes Beet im Cottage-Garten, wo er bei aller Anpassungsfähigkeit seine Eigenständigkeit behauptet. Für stilvolle Arrangements eignet sich diese Rose indes nicht.

Rosa 'Henri Fouquier'

Ursprung: Frankreich frühes 19. Jahrhundert
Höhe: 1,2 m
Härtezone: 4
Bezugsquellen: 5, 18, 32

Die Gruppe der Gallica-Rosen gehört mit ihren schönen Blüten und dem geschlossenen, buschigen Wuchs zu den bewährtesten Strauchrosen für kleinere Gärten. Die schön geformten, rosaroten Knospen von 'Henri Fouquier' sind umgeben von dekorativen Kelchblättern und öffnen sich im Juni zu stark gefüllten Blüten (Durchmesser 10 cm) mit herrlich intensivem, süßem Duft. Ihr lebhaftes Tiefrosa wird im Bereich der äußeren Kronblätter blasser. Die flachen Rosetten haben in der Mitte ein grünes „Auge" und gebogene, gekräuselte Kronblätter. Das Laub ist reizvoll blaßgrün. In üppigen Büscheln stehen die Blüten an den Enden der Triebe, die praktisch nicht bewehrt sind.

'Henri Fouquier' ist eine dankbare Rose, fällt aber im Wuchs etwas auseinander und benötigt eine Stütze. Obgleich sie den ganzen Zauber der alten Strauchrosen geerbt hat, paßt sie aufgrund der eher lässigen Gestalt ihrer Blüten nicht nur in eine prachtvolle Rabatte, sondern ebenso in die schlichte Bepflanzung eines Cottage-Gartens. In Verbindung mit *Alchemilla mollis*, *Astrantia major*, Lavendel und Salbei entsteht eine reizvoll unaufdringliche Kombination. Farblich harmonisch wirken auch Silbergrau und Blau – zusammen mit *Artemisia* 'Powis Castle', *Campanula persicifolia* und *Geranium* 'Johnson's Blue' ergibt sich ein ebenso ausgewogenes Bild von ganz anderer Stimmung.

Rosa 'Henri Martin'

Ursprung: Frankreich
(Laffay) 1863
Höhe: 1,8 m
Härtezone: 5
Bezugsquellen: 5, 7, 9, 18,
19, 20, 24, 29, 30, 32, 46

Diese bezaubernde klassische Moosrose ist auch als 'Red Moss' bekannt. Die Knospen sind von den typisch „bemoosten" Kelchblättern umgeben, zwischen denen beim Aufspringen die lebhaft karmesinroten Blüten hervorschauen. Im Juni öffnen sich die großen, gefüllten Rosetten (Durchmesser 9 cm) mit den seidigen, gewellten Kronblättern, die leicht übereinander stehen. Im Blüteninnern schimmert das goldgelbe „Auge" aus

Staubgefäßen. Mit der Zeit biegen sich die äußeren Kronblätter nach außen und nehmen eine blaß lilaviolette Tönung an. Die Blüten stehen an hohen, mit haarfeinen Stacheln besetzten Trieben und duften köstlich nach Moschus. Die hübschen, rund-ovalen Blätter sind leicht gezänt und satt dunkelgrün mit glänzender Oberfläche.

'Henri Martin' ist in jedem ihrer Details eine beeindruckende Rose. Sie zeichnet sich durch auffallende Knospen, reichen Blütenflor, bezaubernde Form und Farbe, wohlgestaltetes Laub und hübschen, aufrechten Wuchs aus. Einer großen, in Rot- und Purpurtönen leuchtenden Rabatte verleiht sie farbliche Tiefe und Struktur. Für eine eher zurückhaltende Gartengestaltung ist sie allerdings ungeeignet.

Rosa 'Hermosa'

Ursprung: Frankreich (Marchescu) 1840
Höhe: 90 cm
Härtezone: 5
Bezugsquellen: 5, 7, 8, 9, 17, 18, 19, 32, 36, 41, 46

Diese alte Chinensis-Rose, auch als 'Mélanie Lemaire' und 'Madame Neumann' bekannt, ist eine außerordentlich geschätzte Gartenpflanze. Aus prallen Knospen öffnen sich im Juni die gefüllten, schwach süß duftenden Blüten (Durchmesser 5 cm). Sie fallen durch schönes Muschelrosa und schalenförmige Rosetten mit reizvoll zurückgebogenen äußeren Kronblättern ins Auge. Malerisch überhängend wiegen sie sich beim leisesten Windhauch. Die eleganten, graugrünen Blättchen sind fein gezänt.

'Hermosa' bildet einen robusten und starkwüchsigen, kleinen Busch und bringt die ganze Saison über immer wieder Blüten hervor. Mit ihrer bescheidenen Größe ist sie in kleineren Gärten unentbehrlich, zumal ihre harmonischen Proportionen bei weitem nicht so künstlich wie die mancher neuerer Miniaturrosen wirken. Sie eignet sich für ein kleines Beet oder als Schmuck für einen sonnigen Winkel bei der Terrasse. Am schönsten wirkt die Rose, wenn man harmonisch auf ihre Größe abgestimmte Begleitpflanzen wählt – kleinere Iris, Veilchen, Nelken und zierliche *Geranium*-Arten passen gut zu ihr. Auch im Topf ist sie als Solitär oder zusammen mit anderen Pflanzen sehr hübsch. Die Kletterform blüht zwar nicht so üppig wie der Busch, gehört aber im kleinen Garten zu den schönsten Kletterpflanzen.

Rosa 'Honorine de Brabant'

Ursprung: Niederlande vor 1850
Höhe: 1,8 m
Härtezone: 5
Bezugsquellen: 5, 7, 8, 11, 12, 18, 19, 20, 29, 31, 32, 37, 45, 46

Ich mag Rosen, die farbenfroh gestreift oder gesprenkelt sind. Sie erscheinen mir so festlich wie Flaggen bei einem Karneval der Renaissance. Zu den vortrefflichsten gehört diese Bourbon-Rose mit ihrem wohlklingenden Namen. Ihre Knospen sind wunderschön. Sobald die langen, spitz zulaufenden Kelchblätter aufspringen, werden im Innern Farben wie Blaßgrün und Rot sichtbar.Im Juni öffnen sich die gefüllten Blüten (Durchmesser 8 cm), die zartrosa getönt, mit dunkler rosavioletten Streifen und Sprenkeln überzogen sind. Zu

Beginn sind sie elegant schalenförmig, die Spitzen der Kronblätter zurückgebogen. Der bezaubernde Duft ist einzigartig süß und voll. Die Blüten stehen in üppigen Büscheln an den Spitzen der blaßgrünen Triebe, die dicht mit haarfeinen Stacheln besetzt sind. Die Blätter sind großflächig und schön geformt und haben gezähnte, wellige Ränder.

'Honorine de Brabant' bildet einen stattlichen, aufrechten Busch, der gut im Halbschatten gedeiht. Er blüht sehr ausdauernd und eignet sich als dekorativer Mittelpunkt einer großen Gemischten Rabatte. Damit der exotische Flor dieser Rose entsprechend zur Geltung kommt, sollten die Begleitpflanzen schlicht sein. Sehr gut macht sich 'Honorine de Brabant' kombiniert mit den leuchtendvioletten Trauben des Wiesensalbeis, *Salvia pratensis*, oder vor der Kulisse eines großen, graulaubigen Strauchs wie *Elaeagnus* 'Quicksilver'. Sie gefällt mir aber auch, wenn sie aus einem Horst aus purpurvioletem Salbei (*Salvia officinalis* 'Purpurascens') aufsteigt und zusammen mit dem blaßsilbrigen Lila von *Geranium pratense* 'Mrs Kendall Clarke'. Am besten pflanzt man 'Honorine de Brabant' am Weg – so kann man ihren zauberhaften Duft voll genießen.

Rosa 'Iceberg'

Ursprung: Deutschland (Kordes) 1958
Höhe: 1,2 m
Härtezone: 5
Bezugsquelle: fast überall erhältlich

Diese auch als 'Schneewittchen' und 'Fée des Neiges' bekannte Floribunda-Rose ist zu Recht eine der beliebtesten neueren Rosen. Sie bringt eine Fülle schöner Blüten hervor und ist äußerst robust und starkwüchsig. Auch wenn es gewiß keine spektakuläre Rose ist, wird sie in der Bepflanzung als dauerhaftes Strukturelement geschätzt. Ihre spitz endenden Knospen öffnen sich zunächst zu länglichen, eingerollten Blütenköpfen, die cremeweiß gefärbt sind. Beim Aufblühen im Juni sind die gefüllten Rosetten mit der cremefarbenen Mitte zunächst leicht schalenförmig. Die voll entfalteten Blüten (Durchmesser 10 cm) erscheinen in der Form aber wesentlich lockerer. Farblich zeigen sie immer noch den leichten Cremestich, der das harte Weiß dämpft. In üppigen Büscheln stehen die Blüten an den Enden der Triebe über dem Laub. Auch wenn man vielfach liest, daß die Blüten reinweiß sind und nicht duften, trifft beides nicht zu. Sie sind nicht nur hübsch cremeweiß getönt, sondern verströmen auch einen flüchtigen, aber angenehm süßen Duft. Wenn es sehr heiß ist, tauchen auf den Blüten bisweilen rosa Tüpfchen auf. Das glänzend dunkelgrüne Laub besteht aus schön gefiederten Blättern. Es gibt auch eine ausgezeichnete Kletterform, 'Iceberg, Climbing', die bis zu 4,5 m hoch wird.

Alles in allem ist 'Iceberg' eine wertvolle Gartenpflanze. Sie blüht schön im Schatten. Sehr hübsch wirkt sie in einer verhaltenen Grün-Weiß-Kombination, unterpflanzt mit *Hosta* und dem gesprenkelten Laub von *Pulmonaria rubra*. Eine sehr schöne Ergänzung bildet 'Iceberg' in einer Gemischten Rabatte mit vorwiegend blassen Tönen.

Ursprung: Vor 1832
Höhe: 1,5 m
Härtezone: 4
Bezugsquellen: 5, 9, 11, 18, 31, 32, 33, 46, 48

Rosa 'Ispahan'

Diese alte Damaszener-Rose, die auch unter dem romantischen Namen 'Pompon des Princes' bekannt ist, blüht herrlich und ungewöhnlich lange. Pralle, blutrote Knospen, umgeben von stark gegliederten Kelchblättern, öffnen sich Anfang Juni zu bonbonrosaroten Blüten; dabei sind die Kronblätter am äußeren Rand zurückgebogen, in der Mitte hingegen kompakt eingerollt. Voll entfaltet sind die Blüten (Durchmesser 10 cm) stark gefüllt, und die dicht gedrängten Kronblätter zu einem Viertelmuster gruppiert. Das intensive, lebhafte Rosarot im Blüteninnern hellt zu den Rändern hin auf. Die Blüten duften schwach, aber süß. Das junge Laub ist lindgrün, die Fiederblätter sind elegant gefältelt. Die Triebe sind mit haarfeinen Stacheln besetzt.

Unter den Alten Rosen bringt 'Ispahan' wohl mit die größten und prächtigsten Blüten hervor. Sie blüht nur

einmal, entfaltet sich aber sehr früh und erfreut uns mit ihrem Flor oft bis in den August hinein. Diese stattliche und charaktervolle Rose kommt am besten unter ähnlich ausdrucksvollen Pflanzen zur Geltung. Empfehlenswerte Partner für 'Ispahan' sind ausgesprochen große Stauden. Herrlich wirkt eine Kombination mit den interessanten, aber grazilen Trauben von *Veronicastrum virginicum* (insbesondere in der pastellblauen Form), der riesigen, silberlaubigen Kardone, *Cynara cardunculus*, sowie hohen, lila- oder mauvefarbenen blühenden *Delphinium*-Arten.

Rosa × *jacksonii* 'Max Graf'

Ursprung: USA (Bowditch) 1919
Höhe: 60 cm
Härtezone: 4
Bezugsquelle: fast überall erhältlich

Sie ist durch die Kreuzung von *Rosa rugosa* mit der ausladenden *Rosa wichuraiana* entstanden und hieß ehemals schlicht 'Max Graf'. Die typischen länglichen Rugosa-Knospen öffnen sich im Juni zu ungefüllten, lebhaft karmesinroten Blüten (Durchmesser 8 cm), die schwach duften. Die Kronblätter sind mit einem malerischen Netz dunkler gefärbter Adern überzogen. Sie stehen leicht übereinander und fallen durch eine weiße Mitte und markante Staubgefäße auf. Das herrlich dunkelgrüne, glänzende Laub ist sehr reizvoll; es besteht aus langen, schlanken Fiederblättern mit spitzen Enden und gezähnten Rändern. Die lohfarbenen Triebe sind mit feinen Stacheln bedeckt. Im Wuchs auffallend horizontal, bildet diese Rose wie die elterliche *Rosa wichuraiana* gewöhnlich einen mindestens viermal so breiten wie hohen Busch.

Rosa × jacksonii 'Max Graf' blüht nur einmal, dafür aber sehr ausdauernd. Die Blüten heben sich großartig von dem schönen, glänzenden Laub ab, das sich beim zartesten Windhauch bewegt und flimmert. Dieses Blattwerk und der breitwüchsige Habitus machen 'Max Graf' zu einer ganz besonderen Strauchrose mit interessanten Verwendungsmöglichkeiten. Sie ist ein dekorativer Bodendecker, und in der Rabatte verweben sich ihre weit überhängenden Triebe dekorativ mit den Nachbarpflanzen. Sie verträgt Halbschatten und eignet sich zur Unterpflanzung von Sträuchern und Bäumen. Kaskadenartig ergießt sich ihr gleißendes Laub über einen Hang oder eine Terrasse.

Rosa 'James Mitchell'

Ursprung: Frankreich (Verdier) 1861
Höhe: 1,5 m
Härtezone: 5
Bezugsquellen: 5, 32, 46

Diese Moosrose ist außergewöhnlich dekorativ. Ihre charakteristisch bemoosten Knospen haben einzigartig malerische, stark gegliederte Kelchblätter, die sich um die intensiv roten, aufgehenden Blütenköpfe winden. Im Juni-Juli erscheinen die gefüllten, lebhaft rosaroten Blüten (Durchmesser 8 cm), die locker geformt sind. Die seitwärts nach oben drehenden Kronblätter werden in der Mitte kleiner und umschließen ein Büschel leuchtendgelber Staubgefäße. Die entlang der Mitte gefälteten Kronblätter geben den Blüten eine bewegte Struktur. Sie duften angenehm süß. Mit der Zeit werden die Blüten bauschiger, was ihnen ein romantisches Flair üppiger Selbstvergessenheit verleiht. Das Laub besteht aus blaßgrünen Fiederblättern, und die kräftigen, neuen Triebe sind auffallend rot überlaufen.

Dieser robuste, mittelgroße Strauch bringt überwältigende Blüten hervor und kommt in der Gemischten Rabatte ausgezeichnet zur Geltung. Obgleich er nur einmal blüht, erscheint sein über Wochen anhaltender Flor ziemlich spät – lange nachdem andere einmalblühende Strauchrosen verblüht sind. Das intensive Rosa der Blüten läßt sich gut mit Blau- und Mauvetönen kombinieren, ist aber auch kräftig genug für eine leuchtendere Rot- und Purpurkomposition.

Rosa 'Jeanne de Montfort'

Ursprung: Frankreich
(Robert) 1850
Höhe: 2 m
Härtezone: 5
Bezugsquellen: 5, 7, 8, 11, 18, 19

Diese stattliche Moosrose bringt üppige, zur Größe des Strauches passende Blüten hervor. Die schönen, prallen, roten Knospen, die von malerisch gedrehten, spitz zulaufenden Kelchblättern umrahmt sind, öffnen sich im Juni zu schweren, stark gefüllten Blüten (Durchmesser 8 cm) in leuchtendem Rosa, das später eine eher silbrige Tönung annimmt. Die Blüten stehen büschelweise an den endständigen Trieben. Sie duften nicht stark, aber ausgeprägt süß. Die jungen Schosse sind bronzefarben und mit haarfeinen Stacheln besetzt. Manchmal erscheint ein zweiter Blütenflor im Spätsommer oder im Herbst.

'Jeanne de Montfort' ist für eine Moosrose ungewöhnlich groß – ein einzigartiger Strauch mit hübschem, mehrfach erscheinendem Blütenschmuck. Im
19. Jahrhundert hätte man sie gewiß als Kletterrose bezeichnet, denn ihre langen, biegsamen Triebe lassen sich
ohne weiteres an einer Säule hochziehen. Auf diese
Weise wird sie noch heute in Frankreich verwendet. Am
besten läßt man die Rose an den Streben einer Pergola
hochklettern; auch an einer Kletterpyramide kommt sie
als Mittelpunkt einer Rabatte sehr gut zur Geltung,
insbesondere wenn sie sich über einem Meer harmo-
nischer Blau- und Mauvetöne erhebt.

Rosa 'Kathryn Morley'

Ursprung: England (Austin)
1990
Höhe: 75 cm
Härtezone: 5
Bezugsquelle: fast überall
erhältlich

Diese englische Rose ist eine der schönsten rosa Varietäten des Züchters David Austin. Sie beginnt im Juni zu
blühen, erfreut uns aber die ganze Saison über mit
ihrem Flor. Die prallen, gesprenkelten Knospen öffnen
sich zu dicht gefüllten, zartrosa Blüten (Durchmesser
10 cm) und verblassen später zu ganz hellem Pastellrosa. Bezaubernd ist die zunächst schwach schalenförmige Gestalt der Blüten: dabei sind die äußeren Kronblätter zurückgebogen, um die Kronblätter im Innern

einzurahmen. Gewölbt und an den Spitzen leicht gerüscht überlappen sie einander und bieten, locker gruppiert, ein herrliches Bild. Die Blüten stehen in so üppigen Büscheln an den hohen Trieben, daß sie einander
bedrängen. Sie duften köstlich süß und leicht würzig.
Das ausnehmend große Laub besteht aus rundlichen,
gezähnten Blättern, von denen manche bis zu 9 cm lang
werden. Am besten gedeiht diese Rose an einem sonnigen Standort.

Empfehlenswert ist 'Kathryn Morley' allein schon um
der schönen Blüten willen, die mehr oder weniger ausdauernd erscheinen. Sie bildet einen recht gedrungenen
Busch, und am schönsten wirkt sie wohl in einer üppig
blühenden Rabatte, wo sie zwischen niedrigeren Sträuchern ihren ganzen Zauber entfaltet. Ihre zarte Farbe
harmoniert mit einer ganzen Reihe anderer Pflanzen.
Als gute Partner haben sich *Cistus*, Lavendel und Salbei
sowie Stauden in harmonischen Blau- oder Weißtönen
wie *Campanula persicifolia* bewährt.

Rosa 'Königin von Dänemark'

Ursprung: Deutschland
(Flottbeck) 1826
Höhe: 1,5 m
Härtezone: 4
Bezugsquellen: 5, 8, 9, 11,
18, 19, 24, 29, 32, 33, 35,
36, 37, 39, 46

Diese auch als *Rosa* 'Queen of Denmark' bekannte
stattliche Alba-Rose ist in Blüte und Laub geradezu
einzigartig. Die Knospen sind von spitz zulaufenden,
gebogenen Kelchblättern umgeben, und die im Juni erscheinenden gefüllten Blüten (Durchmesser 6 cm) sind
karmesinrosa und duften süß. Die sich entfaltenden
Blüten sind kompakt und bestehen aus dicht gedrängten
Kronblättern, die in Vierteln um ein grünes „Auge"
gruppiert sind. Die älteren Blüten zeigen eine etwas

aufgelockerte Form mit zurückgebogenen, äußeren Kronblättern. Das schön geformte Laub ist attraktiv blaugrün und besteht aus schwach gezähnten, spitzen Blättern. Die Triebe haben auffallend rote Stacheln. Die Blüten stehen in hoch erhobenen Büscheln an dem aufrechten Busch.

Nicht nur die Kombination von Laub- und Blütenfarbe, sondern auch der stattliche Wuchs machen 'Königin von Dänemark' zu einer beeindruckenden Strauchrose. Mit ihrem ausgeprägten Charakter eignet sie sich bestens als Mittelpunkt einer Gemischten Rabatte. Sie blüht nur einmal, dafür aber recht lange, und danach sorgen Blattwerk und Habitus für die nötige Struktur des Beetes. Die Kombination von Rosa und Blaugrau wirkt stets dekorativ und läßt sich effektvoll auf andere gemischte Bepflanzungen übertragen. Das deutlich blassere Grau von *Artemisia*, *Elaeagnus* 'Quicksilver' und *Santolina* sowie die Blautöne von *Campanula* und *Eryngium* passen großartig zu dieser Rose.

Rosa 'La Belle Distinguée'

Ursprung: Garten, vor 1790
Höhe: 1,2 m
Härtezone: 4
Bezugsquellen: 5, 18, 33, 46

Diese ungewöhnliche Alte Rose, die auch als 'Scarlet Sweetbriar' und 'La Petite Duchesse' bekannt ist, geht vermutlich auf eine Kreuzung zwischen der in Europa heimischen Apfelrose, *Rosa eglanteria*, und einer unbekannten Gartenrose zurück. Ihr schönes, zierliches Laub besteht aus fein gezähnten, graugrünen Fiederblättern; es verströmt den für die Art typischen, süßen Apfelduft. Die auffallend prallen, roten Knospen öffnen sich im Juni zu flachen, gefüllten Blüten (Durchmesser 6 cm). Ihr leuchtendes Rosa mit einem Hauch Karmesinrot verblaßt stellenweise zu sibrigem Rosa. Die Kronblätter sind gefaltet und haben gewellte Ränder, was den Blüten ein lebhaftes Aussehen verleiht.

'La Belle Distinguée' bildet einen aufrechten, dichten, kleinen Busch, der überreich blüht. Die ausgewogenen Proportionen machen ihn zu einem idealen Gehölz für die kleine Rabatte. Das heitere Tiefrosa kommt in einer roten und purpurnen Farbkombination mit etwas Grau sehr gut zur Geltung. Am besten kombiniert man die Rose mit Schmalblättrigem Salbei, *Salvia lavandulifolia*, dem pflaumenblauen Laub von *Heuchera micrantha* 'Palace Purple' oder den tiefroten Blüten von *Potentilla atropurpurea*. Sehr hübsch wirkt sie im Vordergrund größerer Rabatten, umgeben von Nelken, deren Blüten die Form der Rosen wiederholen.

Rosa 'La Noblesse'

Ursprung: Frankreich 1856
Höhe: 1,5 m
Härtezone: 5
Bezugsquellen: 5, 18, 24, 32, 46

Diese großartige Strauchrose sieht man selten, obgleich sie zu den hübschesten und dankbarsten Sorten der größeren Zentifolien zählt. Ihre herrlichen Knospen sind prall und schön geformt. Der Busch spitz zulaufender Kelchblätter enthüllt beim Öffnen ein schönes Tiefrot. Die stark gefüllten Blüten (Durchmesser 9 cm) entfalten sich im Juni. In der Mitte leuchtend rosarot, verblassen sie an den Rändern zu hellem, silbrigem Rosa. Sie verströmen einen süßen, muskatartigen Duft. Sobald sich die Blüten öffnen, fallen ihre schön gruppierten Kronblätter auf: in der Mitte wirbeln sie, lockere Viertel bildend, in alle Richtungen, am Rand reihen sie sich zu einem Ring, wobei die äußeren Kronblätter so stark zurückgebogen sind, daß sie einen runden Rahmen bilden. Die Blüten stehen in üppigen Büscheln an den Spitzen der hohen, fein bewehrten Triebe. Das Laub bezaubert durch hübsche, graugrüne Blätter.

Wie im Namen anklingt, wirkt 'La Noblesse' ausgesprochen aristokratisch. Die Rose bildet einen schönen, geschlossenen Busch, der in der Blütezeit in großartigem Kontrast zum Laub steht – in der Tat ein erhebender Anblick. Als Blickfang prägt die Rose das Bild einer Gemischten Rabatte in Verbindung mit zarten oder leuchtenden Rosa- und Mauvetönen, wie etwa den wogenden Trauben des Wiesensalbeis, *Salvia pratensis*. Sie blüht nur einmal, dafür aber so ausdauernd, daß ihre Blüte bis in die Festspielzeit der Stauden reicht.

Rosa 'La Ville de Bruxelles'

Ursprung: Frankreich (Vibert) 1849
Höhe: 1,5 m
Härtezone: 4
Bezugsquellen: 5, 8, 9, 18, 19, 20, 33, 45

Diese großartige, alte Damaszener-Rose bringt üppige Blüten hervor. Ihre einzigartig schönen Knospen sind mit einer Spitzenrosette aus Kelchblättern umgeben, die beim Aufspringen ein intensives Blutrot enthüllen. Die Blüten (Durchmesser 8 cm) im Juni sind stark gefüllt, leuchtend silbrigrosa und zart süß duftend. Die in der Mitte zu Vierteln gruppierten Kronblätter werden von wesentlich helleren, zurückgebogenen Kronblättern in konzentrischen Kreisen umrahmt. Über dem Blattwerk aufragend, stehen die Blüten in üppigen Büscheln an den blaßgrünen Trieben, die mit feinen, roten Stacheln besetzt sind. Gelegentlich erscheinen nach der Hauptblüte im Sommer noch vereinzelt Blüten. Das ausnehmend schöne Laub besteht aus gezähnten und auffallend geaderten Fiederblättern, die bis zu 10 cm lang werden. Sie sind so zart und geschmeidig, daß sie sich schon bei leichtem Wind bewegen.

'La Ville de Bruxelles' ist wie geschaffen für die Gemischte Rabatte. Obgleich die Rose kräftig und aufrecht im Wuchs ist, sind ihre Triebe so biegsam, daß sie künstlich oder durch benachbarte Sträucher gestützt werden sollten. Ihre schönen Blüten bieten zwischen den halbgeöffneten, leuchtendroten Knospen ein prächtiges Bild, und ihr intensives Rosa ist eine wertvolle Ergänzung für verschiedene Farbkombinationen, von Blau- und zarten Rosatönen bis zu flammenden Rot- und Purpurklängen. Ausnehmend gut paßt die Rose zu größeren Stauden wie *Campanula latiloba* mit bezaubernden, violettblauen Blütentrauben.

Rosa 'Le Havre'

Ursprung: Frankreich
(Eudes) 1871
Höhe: 1,2 m
Härtezone: 5
Bezugsquellen: 5, 8

Diese kleinere Remontant-Rose zeichnet sich durch herrliche Blüten und guten Duft aus. Schon die blutroten, zum Bersten prallen Knospen vermitteln einen Eindruck von ihrer Wuchskraft. Die Blüten (Durchmesser 8 cm), die sich im Juni öffnen, sind leuchtend kirschrot mit einem Hauch Purpur. Sie duften angenehm würzig. Die zurückgebogenen Spitzen der äußeren Kronblätter verleihen der Blütenform eine gewisse

Anmut. Eher etwas zerzaust wirken die Kronblätter in der Mitte, die das grüne „Auge" umrahmen. Nach dem ersten Flor blüht die Rose das ganze Gartenjahr hindurch immer wieder, vorausgesetzt die welken Köpfe werden regelmäßig ausgeschnitten. Das auffallend schöne Laub besteht aus großen, blaßgrünen Blättern, die rund-oval und gezähnt sind.

Die dekorative, öfterblühende 'Le Havre' hat den unwiderstehlichen Charme Alter Rosen, der gerade in kleineren Gärten so sehr geschätzt wird. Ungeachtet der bescheidenen Größe strotzt der schöne, geschlossene Busch geradezu vor Wuchsfreude. Die Blüten öffnen sich reichlich spät – gleichzeitig mit einigen Sträuchern, die sich als Spätblüher bewährt haben. Ein großartiger Partner für die Rose ist der Russische Salbei, *Perovskia atriplicifolia*, mit den aromatischen, vielfach eingeschnittenen, grauen Blättern und lavendelblauen Blütenähren, oder auch der weniger hohe *Caryopteris × clandonensis* mit blauen Blüten und malerischem Laub.

Rosa 'Leda'

Diese entzückende, kleine Rose ist auch unter dem Namen 'Painted Damask' bekannt, der mehr über ihr Aussehen verrät. Die Knospen sind, charakteristisch für Damaszener-Rosen, von einer Rüschenkrause schmucker Kelchblätter umgeben. Obgleich sie anfangs leuchtend hochrot sind, erscheinen im Juni blaß cremeweiße Blüten (Durchmesser 5 cm) mit einem Hauch Rosa, die Spitzen teils karmesinrot gezeichnet. Sie sind dicht gefüllt und duften süß. Die Mitte der Blüten fällt durch leuchtendes Cremerosa und eine Rosette kleinerer, nach innen gewölbter Kronblätter ins Auge. Büschelweise aufragend stehen die Blüten an den Enden der Triebe, die mit sehr feinen, rotbraunen Stacheln besetzt sind. Das graugrüne Laub besteht aus großen, rund-ovalen Blättern mit stark hervortretenden Adern.

Die schmuckvollen, kleinen Blüten machen *Rosa* 'Leda' zu einer der schönsten Damaszener-Rosen. Sie bildet einen kompakten Busch und kommt in einer mittelgroßen Gemischten Rabatte hervorragend zur Geltung. Da sie farblich sehr anpassungsfähig ist, harmoniert sie ohne weiteres mit einer ganzen Reihe anderer Blüten. Als Unterpflanzung eignen sich größere Nelken, wie weißblühende *Dianthus* 'Mrs. Sinkins'.

Ursprung: England vor 1838
Höhe: 90 cm
Härtezone: 4
Bezugsquellen: 5, 7, 8, 9, 18, 19, 20, 24, 32, 33, 46

Sehr schön paßt auch Violettblau zum Cremeweiß und Karmesinrot der Rose. Die gefüllten Blüten der *Scabiosa caucasica* 'Clive Greaves', die den ganzen Sommer über in großer Fülle an hohen, schwankenden Stengeln erscheinen, sind ideale Partner für die zierlichen Rosenblüten.

Rosa 'Louise Odier'

Ursprung: Frankreich
(Margottin) 1851
Höhe: 1,5 m
Härtezone: 5
Bezugsquellen: 5, 7, 8, 9,
18, 19, 20, 24, 25, 28, 29,
32, 33, 36, 37, 41, 46

Diese Bourbon-Rose bringt einzigartig schöne, stark gefüllte Blüten hervor, die das ganze Gartenjahr über immer wieder blühen. Die hübschen Knospen gleichen dicken, kleinen Kugeln, die von spitz endenden Kelchblättern umgeben, beim Öffnen ein rosiges Rot enthüllen. Im Juni entfalten sich die intensiv rosaroten Blüten (Durchmesser 8 cm), die zart, aber süß duften. Die Kronblätter im Blüteninnern sind zu Vierteln angeordnet und von einem Kranz zurückgebogener Kronblätter umrahmt. Mit der Zeit nehmen sie einen silbrigen Rosaton an. Voll erblüht, kommen die goldgelben Staubgefäße in der Mitte zum Vorschein. Die Blüten stehen in üppigen, schweren Büscheln an den Trieben und verdanken ihren eigenartigen Reiz der bauschigen und zugleich schlichten Gestalt. 'Louise Odier' ist eine starkwüchsige und robuste Rose mit stattlichen, schön geformten Blättern.

Diese vielfach geschätzte Strauchrose eignet sich bestens für eine Schmuckrabatte in flammenden Farben, in der ihre rosaroten Blüten großartig mit kräftigen Rottönen (wie den fast schwarzroten Blüten von *Potentilla atrosanguinea*) harmonieren, aber auch mit violettblau blühenden Pflanzen wie Lavendel oder *Viola cornuta* kombiniert werden können. Die hohen lila Blütentrauben von *Veronicastrum virginicum* bilden einen herrlichen Hintergrund.

Rosa 'Macrantha'

Ursprung: Europa
Höhe: 1,5 m
Härtezone: 6
Bezugsquellen: 5, 8, 9, 18, 19, 29

Auch wenn niemand genau weiß, woher diese Rose stammt, scheint sich doch ihre Gartenherkunft – möglicherweise als Kreuzung zwischen den beiden in Europa heimischen Wildrosen *Rosa canina* und *Rosa gallica* – zu bestätigen. Ihre anmutigen, kleinen Knospen mit den spitzen Kelchblättern zeigen vor dem Aufblühen ein leuchtendes Rosa. Die ungefüllten Blüten (Durchmesser 6 cm), die sich im Mai-Juni öffnen, sind rahmweiß und duften süß. Die herzförmigen Kronblätter sind zart wie Seide, und das Blüteninnere ist mit einem kräftigen Büschel goldgelber Staubgefäße geschmückt. Das Laub besteht aus eleganten, gezähnten Fiederblättchen mit glänzender Oberfläche. Das junge Holz treibt in Form stark bewehrter, bogiger Zweige aus und trägt im Spätherbst kugelige, rote Hagebutten.

Rosa 'Macrantha' zeichnet sich durch niedrigen, undurchdringlich dichten Wuchs aus und wird oft doppelt so breit wie hoch. Die grazilen Blüten stehen in reizvollem Kontrast zum unbändigen Wuchs. In voller Blüte bietet die Rose ein herrliches Bild, zumal sie den ganzen Garten mit köstlichem Duft erfüllt. Sie eignet sich nicht für die Rabatte, ist aber wie geschaffen für einen steilen Hang, wo ihre Triebe malerisch nach unten fallen.

Rosa 'Madame Delaroche-Lambert'

Ursprung: Frankreich
(Robert) 1851
Höhe: 1,5 m
Härtezone: 5
Bezugsquellen: 5, 9, 18,
24, 32, 46

Diese einzigartig dekorative Rose gehört zu den schönsten Moosrosen überhaupt. Ihre bemoosten Knospen mit den schmucken, spitzen Kelchblättern stehen an hohen, mit rotbraunem Moos überzogenen Trieben. Die gefüllten Blüten (Durchmesser 8 cm), die sich im Juni öffnen, fallen durch ihre großartige, lebhaft karmesin-magentarote Färbung ins Auge. Die leicht schalenförmigen, süß duftenden Blüten weiten sich zu flachen Tellern. Die Kronblätter im Innern sind gefaltet und gekräuselt, die an den Rändern zurückgebogen. Das blaßgrüne Laub ist markant gezähnt. Der starkwüchsige Busch bringt nach dem ersten Flor im Sommer das ganze Gartenjahr über immer wieder Blüten hervor.

Die leuchtenden Blüten und der stattliche Wuchs machen den eigentlichen Reiz dieser Rose aus, und es gibt wohl kaum eine zweite, die in einer vorwiegend roten und purpurnen Bepflanzung ausdrucksvoller wirken könnte. Ihr Purpurton, insbesondere das Lilaviolett der welkenden Blütenblätter, passen großartig zu Lavendelblau und anderen Blautönen. Die hoch aufragenden Blütentrauben des Wiesensalbeis, *Salvia pratensis*, sind ganz bezaubernde Partner für diese ausdrucksvolle Rose. Das leicht blaustichige Silbergrau einiger größerer Wermutarten wie z.B. *Artemisia absinthium* bildet eine außerordentlich schöne Kulisse für die karmesinroten Blüten.

Rosa 'Madame Hardy'

Ursprung: Frankreich 1832
Höhe: 1,8 m
Härtezone: 4
Bezugsquellen: 5, 7, 8, 9, 13, 18, 19, 20, 23, 24, 29, 31, 32, 33, 36, 37, 39, 42, 45, 46

Die Damaszener-Rose 'Madame Hardy' gehört zu den schönsten Gartenpflanzen überhaupt – daß es eine ganz edle Rose ist, erkennt man bereits im späten Frühling, wenn sich ihre Knospen zu runden beginnen. Sie sind kugelförmig, rosa und von kunstvoll gekräuselten Kelchblättern umschlossen. Die Blüten (Durchmesser

8 cm) öffnen sich im Juni; der weiße Grund läßt eine zarte Creme-und Rosatönung erkennen, die zur Mitte hin kräftiger wird. Die schönen, gewellten Kronblätter sind gefältelt, und die runden Ränder stehen leicht übereinander. Umgeben von einer Krause kleinerer Kronblätter wird im Blüteninnern ein eigenartiges, hellgrünes „Auge" sichtbar. Die Blüten duften muskatartig süß, und das Laub ist blaßgrün. Die rosa überlaufenen Triebe sind mit haarfeinen Stacheln besetzt.

Durch Pflanzen mit vergleichbar großem und stattlichem Wuchs, bemerkenswertem Laub und zauberhaften Blüten fallen die Schwächen der Nachbargewächse, insbesondere ihr derberer Charakter, allerdings besonders stark ins Auge. Am besten pflanzt man die Rose in eine große Gemischte Rabatte, kombiniert mit cremeweißen und etwa zartrosa Blüten wie etwa rahmgelbem *Sisyrinchium striatum*, mattgelb-bräunlichem Fingerhut,' *Digitalis × mertonensis*, und rosa *Cistus* 'Peggy Sammons'. Sie blüht nur einmal, dafür aber sehr ausdauernd. Im übrigen gedeiht die Rose gut im Halbschatten, wo sie sehr schön zur Geltung kommt.

Rosa 'Madame Isaac Pereire'

Ursprung: Frankreich (Garon) 1880
Höhe: 2,75 m
Härtezone: 5
Bezugsquellen: 4, 5, 7, 8, 9, 11, 17, 19, 20, 23, 24, 29, 30, 31, 32, 33, 36, 37, 39, 41, 46

Diese grandiose Bourbon-Rose gehört mit ihren köstlich duftenden Blüten zu den schönsten großblütigen Strauchrosen. Dunkles Rot schimmert zwischen dem Grün der prallen Knospen hervor, die sich im Juni zu üppig gefüllten karmesinpurpurnen Blüten (Durchmesser 10 cm) mit gevierteltem Blütenwirbel öffnen. Noch vollkommener in der Form als die frühen Blüten ist angeblich der zweite Flor im Spätsommer. Ihr Duft ist einzigartig intensiv und kräftig süß. Auffallend ist das außergewöhnlich große, rund-ovale Laub mit den bis zu 10 cm langen, gezähnten Fiederblättern.

Es ist wohl sinnvoller, 'Madame Isaac Pereire' nicht als Kletter-, sondern als Strauchrose zu betrachten, zumal sie so oder so Halt benötigt – unter dem Gewicht der großen Blüten biegen sich die langen Triebe nämlich durch. Sachgemäß abgestützt, wirkt sie im Hintergrund einer großzügigen Rabatte beeindruckend; schade ist dabei nur, daß man nicht unmittelbar an ihr riechen kann. Leichter genießen läßt sich ihr Duft, wenn man sie an einer Pergola hochzieht oder über einer Bank zu einer Art Laube formiert. So kann man ihre schweren,

leuchtend purpurrosa Blüten von unten bewundern. Aber auch über einer hölzernen Kletterpyramide gezogen, bildet die Rose am Anfang und Ende einer langen Rabatte ein markantes vertikales Element.

Rosa 'Madame Lauriol de Barny'

Ursprung: Frankreich (Trouillard) 1868
Höhe: 1,8 m
Härtezone: 5
Bezugsquellen: 5, 8, 18, 23, 46

Diese große Bourbon-Rose bringt ungewöhnlich elegante, rosa Blüten hervor. Ihre Knospen mit den schönen, spitz zulaufenden Kelchblättern zeigen beim Aufspringen ein fröhliches Rot. Im Juni öffnen sich die herrlichen Blüten (Durchmesser 8 cm).

Die üppig gefüllten Blütenschalen stehen in verschwenderisch vollen, nickenden Büscheln an den endständigen Trieben. Sie duften köstlich süß und fallen durch den hübschen Kontrast zwischen leuchtendem Rosa im Blüteninnern und deutlich hellerem, silbrigem Rosa auf den Rückseiten und an den Spitzen der Kronblätter ins Auge. Nach dem ersten berauschenden Blütenflor erscheinen später von Zeit zu Zeit immer wieder vereinzelte Blüten.

Ausgesprochen locker im Wuchs bringt 'Madame Lauriol de Barny' lange, schlanke Triebe hervor. In kleineren Gärten mit wenig Platz kommt sie deshalb am besten als dekorative Kletterpflanze unmittelbar im Blickfeld zur Geltung. In der Rabatte benötigt sie eine Stütze. An einem Pfosten oder über einer Kletterpyramide aus Holz wirkt diese Rose geradezu spektakulär.

Ihr warmes Rosa harmoniert sehr schön mit Blau, sowohl mit dem hellen bis mittelblauen Salbei (*Salvia officinalis*, insbesondere in der purpurblättrigen Form) als auch mit dem dunkleren Violettblau größerer Glockenblumen (die Blütentrauben von *Campanula lactiflora* werden fast so hoch wie die Rose).

Rosa 'Madame Legras de Saint Germain'

Ursprung: Frankreich vor 1848
Höhe: 1,8 m
Härtezone: 4
Bezugsquellen: 5, 7, 8, 9, 18, 19, 32, 46

Diese Alba-Rose ist als stattlicher Strauch ebenso wirkungsvoll wie im kleineren Garten als Kletterpflanze. Ihre spitzen Knospen sind von dekorativen Kelchblättern umgeben. Sie öffnen sich im Juni zu gefüllten, rahmweißen Blüten (Durchmesser 6 cm) und duften köstlich nach Muskat. Die anfangs sehr kompakten, flachen Rosetten werden mit der Zeit zunehmend bauschiger. Die seidigen Blütenblätter mit den gewellten Spitzen falten und wölben sich lebhaft. Das graugrüne Laub besteht aus gezähnten, gefiederten Blättern.

'Madame Legras de Saint Germain' wächst zu einem hohen, aufrechten Strauch heran, dessen cremeweißer Flor in wirkungsvollem Kontrast zu dem graugrünen Laub steht. In einer formalen Schmuckrabatte stellt die Strauchform ein vorzügliches Strukturelement dar. Obwohl die Rose nur einmal blüht, bildet das Blattwerk nach der Blüte einen ausdauernden, dekorativen Hintergrund für andere Pflanzen. Die langen, rutenartigen Triebe lassen sich aber auch ausgezeichnet zum Klettern erziehen und bieten im Spätsommer, überzogen von den pastellweißen Blütengirlanden der *Clematis* 'Alba Luxurians' ein prächtiges Bild.

Rosa 'Madame Pierre Oger'

Ursprung: Frankreich (Verdier) 1878
Höhe: 1,2 m
Härtezone: 5
Bezugsquellen: 5, 7, 8, 9, 18, 19, 24, 29, 30, 31, 32, 36, 37, 39, 45, 46

Diese hübsche Bourbon-Rose ist ein Sport von 'Reine Victoria', mit der die gefüllten und süß duftenden Blütenschalen große Ähnlichkeit haben, auch wenn 'Madame Pierre Oger' ein wesentlich blasseres, feines Silberrosa zeigt, das innen etwas dunkler wird. Die Kronblätter fallen durch ganz zarte, dunklerrosa Marmorierung und dekorativ gekräuselte Ränder auf. Die recht kleinen Blüten (Durchmesser 5 cm) öffnen sich im Mai, blühen aber danach mehrfach und stehen in großzügigen Büscheln an den aufrechten Trieben. Das schön geformte Laub besteht aus schwach gezähnten, spitzen Fiederblättern, ist aber leider wie 'Reine Victoria' anfällig für Sternrußtau.

129

Die schönen Blüten und das Flair des Besonderen machen den Reiz dieser Rose aus. So kommen als Partner auch nur anmutig zarte und elegante Pflanzen in Frage. Auf keinen Fall darf man diese Rose mit derben oder überzüchteten Nachbarn kombinieren, denn das hieße diese Mängel nur noch herauszustreichen. Sehr harmonisch wirken indes kleinere Glockenblumen, *Cistus*, *Geranium*, *Iris* und Salbei. Mir hat 'Madame Pierre Oger' ausnehmend gut über den fahlen, silbergrau belaubten Kuppeln von *Santolina pinnata* ssp. *neapolitana* gefallen (es lohnt sich, die entsetzlich grellgelben Blütenknospen zu entfernen und die Horste in eine gefällige, runde Form zu schneiden).

Rosa 'Madame Plantier'

Ursprung: Frankreich
(Plantier) 1835
Höhe: 2,5 m
Härtezone: 4
Bezugsquellen: 4, 5, 7, 8, 9, 18, 19, 31, 32, 36, 37, 46

Obgleich der Ursprung dieser Rose ungewiß ist, wird sie in der Regel den Alba-Rosen zugeordnet. Die schmucken Knospen sind von einer Spitzenrosette aus Kelchblättern umgeben, die beim Aufspringen ein rosiges Rot enthüllen. Im Juni erscheinen die gefüllten, weißen Blüten (Durchmesser 8 cm) mit cremefarbener Mitte. Sie haben nichts von der knackigen Kompaktheit der typischen Alba-Rosen, sondern bestehen aus seidig zarten, gebogenen und gefalteten Kronblättern und bilden reizvoll zerzauste, lockere Blüten. Sie duften schwach, aber süß und stehen in üppigen Büscheln an den langen Trieben. Die gezähnten Fiederblättchen sind blaßgrün.

'Madame Plantier' hat sehr schöne Blüten und bildet einen offenen Busch, der sich grundlegend von dem stattlichen Wuchs „echter" Alba-Rosen unterscheidet. Sie gedeiht gut im Halbschatten und wird, als Kletterpflanze gezogen, mindestens doppelt so hoch wie der Busch. Als freistehender Strauch in der Rabatte ist sie auf künstliche Stütze angewiesen. Einen sehr hübschen Blickfang bildet sie, über Stauden und Sträuchern aufragend, an einer Kletterpyramide.

Ihre rahmweißen Blüten passen sich nahezu jeder Bepflanzung an. Bewährt haben sich Wogen von *Sisyrinchium striatum*, weißer Fingerhut, *Digitalis purpurea albiflora*, sowie sein cremegelber, ausdauernder Verwandter, *D. grandiflora*.

Rosa 'Madame Zöetmans'

Ursprung: Frankreich (Marest) 1830
Höhe: 1,2 m
Härtezone: 4
Bezugsquellen: 5, 8, 18, 19, 20, 24, 32

Diese vornehme alte Damaszener-Rose eignet sich insbesondere für den kleineren Garten. Sobald sich die spitzen Kelchblätter teilen, zeigen die halbgeöffneten Knospen ein dekoratives Lachsrosa. Die voll entfalteten Blüten (Durchmesser 8 cm) im Juni sind gefüllt, ganz zart cremerosa, und obgleich sie mit der Zeit noch weißer werden, bewahren sie stets diesen Hauch Rosa.

131

Sie duften köstlich süß. Die Kronblätter sind auffallend schön gruppiert. Anfangs zeigen sie ein lockeres Viertelmuster, später wirbeln sie am Rand in alle Richtungen und formieren sich in der Mitte zu einem festen Knopf, zwischen dem allmählich ein grünes „Auge" sichtbar wird. Das hübsche Laub besteht aus blaßgrünen, gezähnten Blättern.

'Madame Zöetmans' zeichnet sich durch einzigartig schöne Blüten aus und bildet einen kompakten Busch. Dennoch sind die Blütentriebe so biegsam, daß sie eine Stütze benötigen. Farblich harmonieren die Blüten sowohl mit gedämpften als auch mit lebhafteren Kombinationen. Wunderschön wirkt eine Unterpflanzung mit *Geranium* × *oxonianum* 'Claridge Druce'; die rosaroten Blüten erscheinen bereits vor den Rosen und blühen die ganze Saison über. Ebenso gut harmoniert 'Madame Zöetmans' mit wesentlich kräftigeren Rottönen, wie dem fröhlichen Rot von *Potentilla* 'Gibson's Scarlet', deren ausladende Blütentriebe sich zwischen der Rose verweben.

Rosa 'Marchesa Boccella'

Ursprung: Frankreich
(Moreau-Robert) 1868
Höhe: 90 cm
Härtezone: 4
Bezugsquellen: 1, 5, 7, 8, 9, 11, 12, 18, 19, 20, 23, 24, 32, 33, 34, 41, 45, 46

'Marchesa Boccella' war vormals allgemein unter dem Namen 'Jacques Cartier' bekannt. Diese kleine Portland-Rose ist nicht weniger beeindruckend als die größeren alten Strauchrosen, nur daß sie insgesamt kompakter ist. Auffallend pralle, rote Knospen mit sehr langen, spitzen Kelchblättern öffnen sich im Juni zu stark gefüllten, rosaroten Blüten (Durchmesser 8 cm). Anfangs schalenförmig entfalten sie sich zu üppigen Rosetten, die in großzügigen Büscheln an den Zweigen stehen und intensiv süß duften. Die Kronblätter sind in der Mitte fest eingerollt und andeutungsweise geviertelt, während jene am Rand zurückgebogen sind und einen anmutigen Rahmen bilden. Die schönen, frischgrünen Blätter fallen durch gezähnte Ränder und markante Aderung auf. Die Triebe sind mit haarfeinen, roten Stacheln besetzt. 'Marchesa Boccella' hat sich als öfterblühende Rose gut bewährt.

Sie bildet einen starkwüchsigen, aufrechten Busch, der aufgrund seiner zierlichen Gestalt für den kleineren Garten wie geschaffen ist. In einer Gemischten Rabatte verbindet er sich harmonisch mit *Geranium*, Lavendel, *Salvia officinalis* 'Purpurascens' und den silberblau schimmernden Blüten von *Linum perenne*. Am Rand einer Terrasse erfüllt er die Luft mit Rosenduft. Im Topf bildet ein Paar oberhalb einer Treppe einen hübschen Schmuck. Die Rose blüht im Schatten sehr üppig und wird insbesondere für Gärten in der Stadt geschätzt.

Rosa 'Marguerite Hilling'

Ursprung: England (Hilling) 1959
Höhe: 2,5 m
Härtezone: 5
Bezugsquellen: 5, 7, 8, 9, 13, 17, 18, 19, 20, 22, 23, 24, 25, 28, 29, 30, 32, 34, 35, 36, 37, 39, 46, 48

Als Sport von *Rosa* 'Nevada' gleicht sie dieser, von den Blüten abgesehen, in jeder Hinsicht. Ihre langen Knospen sind spitz und sobald sich die Kelchblätter teilen, zeigen sie ein intensives Rot. Die Blüten im Mai-Juni sind leuchtendrosa überlaufen und verblassen in der Mitte fast zu Weiß. Die Kronblätter falten und biegen sich lebhafter als die von 'Nevada', was die Blüten in fortgeschrittenem Stadium sinnlich voll erscheinen läßt. Vor dem Verblühen verblassen sie zunehmend und lassen ein Netz von Adern erkennen.

In voller Blüte bietet die süß duftende 'Marguerite Hilling' mit dem üppig wogenden rosa Flor ein prächti-

Gegenüberliegende Seite:
Rosa 'Mary Rose'

ges Bild. Wie 'Nevada' kommt dieser ausladende Strauch am besten im naturnahen Bereich des Gartens zur Geltung, auch wenn er im Frühsommer in einer sehr großen Rabatte durchaus beeindruckend wirkt, und das graugrüne Laub im Laufe des Sommers einen außerordentlich schönen Hintergrund für lebhafte Rot- und Purpurtöne bietet. Ein überwältigendes Bild ergibt sich auch, wenn man eine der im Spätsommer blühenden roten *Clematis*-Arten, wie etwa die schöne, ungefüllte *C. viticella* 'Abundance' hindurchklettern läßt.

Rosa 'Mary Rose'

Ursprung: England (Austin)
1983
Höhe: 1,2 m
Härtezone: 5
Bezugsquellen: 5, 9, 13,
18, 23, 24, 29, 30, 31, 32,
33, 37, 39, 46

Diese von David Austin eingeführte Züchtung mit gefüllten, rosa Blüten, ist eine herrliche, öfterblühende Strauchrose mit kompaktem Wuchs. Die Enden der spitzen Kelchblätter ragen über die großen Knospen hinaus. Sobald sie sich teilen, kommt ein leuchtendes Rot zum Vorschein. Die halbgeöffnete Blüte ist schön geformt, fest eingerollt und fällt durch die gebogenen, äußeren Kronblätter ins Auge. Im Juni öffnen sich die dicht gefüllten, süß duftenden Blüten (Durchmesser 10 cm) in herrlich blassem, aber warmem Rosa. Mit den locker gereihten Kronblättern gleichen sie im Stil weitgehend den alten Strauchrosen. Mit der Zeit nehmen sie einen ganz blassen, silbrigen Rosaton an. In großen Büscheln stehen sie an den aufrechten Trieben. Das schöne Laub besteht aus ansehnlichen, dunklen Fiederblättern mit glänzender Oberfläche und markant hervortretenden Adern.

'Mary Rose' bildet einen kräftig wachsenden, geschlossenen Busch, der die ganze Saison über malerisch blüht. Sie hat weit größere Ausstrahlung als die meisten der öfterblühenden, neueren Rosen. In einer Gemischten Rabatte wird 'Mary Rose' Aufsehen erregen und lange Zeit sowohl farblich als auch im Charakter prägend wirken. Sie gehört zu den schönsten Rosen für den kleineren Garten und gedeiht auch im Topf gut. Von der Terrasse ausgehend könnte ein Rosenpaar den Weg in den Garten malerisch flankieren.

Rosa 'Mevrouw Nathalie Nypels'

Die auch als 'Nathalie Nypels' bekannte Floribunda-Rose ist den anderen Vertretern dieser Gruppe an Charakter und Charme weit überlegen. Die ersten Blüten

Ursprung: Niederlande
(Leenders) 1919
Höhe: 90 cm
Härtezone: 5
Bezugsquellen: 18, 29, 31

(Durchmesser 8 cm) öffnen sich im Juni. Sie sind zunächst elegant schalenförmig und leuchten in schönem, warmem Rosa. Die voll entfalteten, schwach gefüllten Blüten mit den gewellten Kelchblättern sind mit einem feinen Netz dunklerer Adern durchzogen und zeigen da und dort einen verschwommenen weißen Streifen. Sie bringen die ganze Saison über Blüten hervor und duften süß. Die schön geformten Blätter fallen durch satt dunkelgrüne Färbung und eine glänzende Oberfläche auf. Im Wuchs wirkt der Busch gefällig und kompakt.

'Mevrouw Nathalie Nypels' ist in vieler Hinsicht wie geschaffen für kleinere Gärten oder den Vordergrund einer großen Rabatte. Obgleich die Rose farblich sehr ausdrucksvoll ist, wirkt sie keineswegs aufdringlich. In einer Gemischten Rabatte bilden ihre üppigen Blütenbüschel einen Blickfang. Da die Rose nicht groß wird, können sich niedrige Pflanzen wie kleinere *Geranium* und *Viola cornuta* mit den kriechenden Trieben dekorativ in ihren Zweigen verweben. Beeindruckt hat sie mich auch im Topf zusammen mit den leuchtend blaublühenden Ranken von *Convolvulus sabatius*.

Rosa moyesii
Diese stattliche Wildrose gehört in jeden Garten, der genügend Platz bietet, denn es ist eine der größten und schönsten Strauchrosen. Ihre Knospen sind beinahe kugelig und tragen eine Halskrause aus Stacheln an der Basis. Sobald sich die Kelchblätter teilen, kommen die schwarzroten Blütenblätter zum Vorschein. Im Juni er-

Oben: *Rosa moyesii*
'Geranium'
Bezugsquellen: 19, 24, 33,
46

Ursprung: Westliches
China 1894
Höhe: 3 m
Härtezone: 5
Bezugsquellen: 2, 5, 7, 8,
9, 13, 15, 18, 19, 22, 23,
24, 25, 28, 29, 33, 34, 35,
37, 39, 46, 47, 51

scheinen die ungefüllten Blüten (Durchmesser 6 cm), die etwas heller, aber noch immer intensiv blutrot sind. Zunächst anmutig schalenförmig weiten sie sich voll erblüht zu eher flachen Rosetten mit leicht überlappenden Kronblättern. Die schmucken, golden-schwarzen Staubgefäße in der Mitte der Blüte erinnern an den Kordelbesatz einer Paradeuniform. Das elegante, graugrüne Laub besteht aus rundlichen, schwach gezähnten Fiederblättern. Im August erscheinen die grandiosen Hagebutten: mindestens 4 cm lang, flaschenförmig, leuchtendrot, dabei noch immer von einem Büschel wirbelnder Kelchblätter umgeben. Da aus Samen gezogene Pflanzen oft steril sind und somit keine Hagebutten bilden, und Klone unterschiedlich schöne, mehr oder weniger dunkle Blüten hervorbringen, sollte man sich beim Kauf vergewissern, daß die Vermehrung aus Stecklingen eines selektierten Klons erfolgte. Bewährte Züchtungen sind *Rosa moyesii* 'Geranium' mit scharlachroten Blüten und 'Sealing Wax' mit rosa Flor und sehr großen Hagebutten.

Obwohl man *Rosa moyesii* durchaus in eine große Rabatte setzen kann, wirkt sie im Beet meist viel zu wuchtig. Am besten paßt sie in etwas höheres Gras, umgeben von anderen großen Sträuchern. Sie blüht auch an recht schattigen Stellen sehr schön.

Rosa 'Mrs Doreen Pike'

Ursprung: England (Austin)
1993
Höhe: 90 cm
Härtezone: 4

Diese neue Rugosa-Rose ist beispielhaft für die Vitalität einer speziellen Gruppe von Rosen und zugleich Zeugnis für die Erfolge heutiger Rosenzüchtung. Die Knospen haben den ganzen Charme der Rugosa-Rosen: lang, flaschenförmig und leicht behaart, mit schlanken Kelchblättern, die deutlich über die Spitzen hinausragen. Beim Öffnen weiten sich die Kelchblätter beachtlich und enthüllen ein schönes, blasses Rosa. Im Juni erscheinen die gefüllten Blüten (Durchmesser 8 cm) mit unzähligen, zerknittert seidigen Kronblättern. Sie changieren farblich zwischen intensivem und silbrigem Rosa und zeigen ein grün-gelbes „Auge" in der Mitte. Der Duft ist moschusartig und süß. Wie andere Rugosa-Rosen gehört 'Mrs Doreen Pike' zu den öfterblühenden Rosen. Das schöne Laub schimmert blaßgrün und besteht aus gefalteten und gezähnten Fiederblättern. Die Rose bildet einen breiten, kuppelförmigen Busch mit ausladenden Seitentrieben und gedeiht gut im Halbschatten.

'Mrs Doreen Pike' ist eine ungeheuer wuchsfreudige Rose. Immer wieder treibt sie neue Schosse mit zahlreichen Knospen aus. Die rosa Blüten heben sich prächtig von dem kräftigen, glänzenden Laub ab. Im Vordergrund einer Rabatte verweben sich ihre ausladenden Seitentriebe vortrefflich mit kleineren Pflanzen. Großzügig gedüngt und gewässert bietet sie, über den Rand eines großen Topfes quellend, ein herrliches Bild.

Rosa 'Mrs John Laing'

Ursprung: England
(Bennett) 1887.
Höhe: 1,2 m
Härtezone: 5
Bezugsquellen: 5, 7, 8, 9,
11, 18, 19, 20, 24, 29, 31,
32, 33, 46, 48

Diese vortreffliche Remontant-Rose bringt schöne, ebenmäßige Blüten hervor. Sie wurde von Henry Bennett gezüchtet, der um 1870 die allerersten Teerosen zog. Ihre Knospen zeigen Büschel spitzer Kelchblätter, die beim Teilen ein leuchtendes Rot enthüllen. Die halbgeöffnete Blüte ist ansehnlich eingerollt. Im Juni entfalten sich die eleganten, gefüllten Blüten (Durchmesser 8 cm), die blaß silbrigrosa getönt sind und kräftig süß duften. Während sich die äußeren Kronblätter zurückbiegen, bleibt die Blütenmitte schalenförmig. Büschelweise stehen die Blüten an den hoch aufragenden, langen Trieben. Das hübsche, mittelgrüne Laub ist rundoval und gezähnt. Nach dem Hauptflor im Sommer erscheinen die ganze Saison über immer wieder Blüten.

Diese Rose ist außergewöhnlich wuchsfreudig und gesund. Mit ihrer buschigen, aufrechten Gestalt und dem reichen, dekorativen Flor eignet sie sich als Mittelpunkt einer Gemischten Rabatte. Sie harmoniert schön mit Blau- und Violett-Tönen, und bietet, aufgrund der langen Blütezeit, eine Fülle erfreulicher Kombinationsmöglichkeiten. Als Partner empfehlenswert sind Glokkenblumen, Lavendel und Salbeiarten im Hochsommer sowie *Caryopteris*, *Perovskia* und *Salvia uliginosa* mit himmelblauen Blüten im Spätsommer. Sehr gut gefällt sie mir Anfang August auch zwischen Wogen weißer Herbstanemonen (*Anemona* × *hybrida* 'Honorine Jobert').

Rosa 'Mrs William Paul'

Ursprung: England (Paul)
1869
Höhe: 90 cm
Härtezone: 5
Bezugsquellen: 8, 19

Obgleich diese Moosrose in jeder Hinsicht dekorativ ist, ist sie erstaunlich wenig bekannt. Ihre bemoosten, braunroten Knospen öffnen sich im Juni zu üppigen, stark gefüllten, leuchtendrosa Blüten (Durchmesser 9 cm). Die Kronblätter sind dicht gepackt, bilden aber schön geformte Blüten mit reizvoller Textur und zarter Sprenkelung in blasserem, silbrigem Rosa. Die Rose

Gegenüberliegende Seite:
Rosa 'Nevada'

duftet angenehm würzig und blüht nach dem Hauptflor
die ganze Saison über noch mehrfach. Das bleigrüne
Laub ist ausgesprochen ledrig und besteht aus gezähnten, gefiederten Blättern. Das junge Holz ist bronzefarben überlaufen. Die Blüten ragen in großzügigen Büscheln über dem Laub auf und scheinen sich an den
Spitzen der stark bestachelten Triebe um Platz zu drängen.

'Mrs William Paul' ist eine wuchsfreudige, gesunde
und reichblühende Rose, die sich im Garten vielseitig
verwenden läßt. In einer großzügigen Rabatte wirkt sie
zwischen Rosa-, Blau- und Mauvetönen eindrucksvoll
prägend. Einem kleineren Beet könnte diese öfterblühende, hübsch belaubte Rose Struktur verleihen. Mit
dem graugetönten Laub paßt sie besonders gut zu Lavendel, Salbei und dem winterharten Schöterich *Erysimum* 'Bowles Mauve', dessen ausdauernde Blüten
prächtig mit der Rose harmonieren. Auch im Topf wirkt
sie auf der Terrasse eines kleinen Gartens sehr
schmuckvoll.

Rosa 'Nevada'

Ursprung: Spanien (Dot)
1927
Höhe: 2,5 m
Härtezone: 5
Bezugsquellen: 5, 7, 8, 9,
11, 12, 13, 17, 18, 19, 20,
23, 29, 32, 33, 34, 35, 36,
37, 39, 42, 46, 48

Die Herkunft dieser großartigen Rose ist umstritten –
ist es eine Form der *Rosa moyesii* oder *Rosa pimpinellifolia*? Kein Zweifel besteht indes an ihrem bezaubernden
Wildrosencharakter. Die ersten Blüten erscheinen im
Mai, wenn sich die großen, konischen, gelben Knospen
zu halbgefüllten, primelgelben Rosetten öffnen. Sie sind
anfangs schwach schalenförmig und zeigen ein leuchtendes Büschel zitronengelber Staubgefäße in der Mitte.

Voll entfaltet sind die Blüten (Durchmesser 10 cm) hübsch rahmeiß. Die leicht gedrehten Kronblätter lassen sie voller erscheinen, und vor dem Verblühen werden bisweilen zartrosa Sprenkel sichtbar. Nach dem ersten üppigen Frühsommerflor erscheinen die ganze Saison über vereinzelt Blüten, bis im Spätsommer eine Nachblüte erfolgt. Die Blüten duften nur schwach. Auch am Laub zeigt sich der Charakter der Wildrose; es besteht aus graugrünen, rundlichen, leicht gezähnten Fiederblättern. Die Triebe sind kräftig schokoladenbraun und ausladend bogig im Wuchs. Angeblich läßt sich die Blühkraft älterer Büsche durch gründlichen Rückschnitt des alten Holzes fördern.

'Nevada' bildet einen großen, starkwüchsigen Busch, der mit seiner überschäumenden Fülle rahmweißer Blüten so beeindruckend ist, daß nur wenige Gartenpflanzen noch prächtiger wirken. Sehr dekorativ erschien mir die Rose im Hintergrund einer dicht bepflanzten Rabatte; selbst von weitem betrachtet sind ihre Blüten so groß und ihr Wuchs so stattlich, daß man sie nicht übersehen kann. Ebenso gut paßt sie in einen Waldgarten, und auch hier werden ihr nicht viele Sträucher den Rang streitig machen. Am Ende eines Rasenwegs bildet sie einen reizvollen Blickfang.

Rosa 'Nuits de Young'

Diese Moosrose war ehemals unter dem Namen 'Old Black' bekannt, in Anspielung auf ihre bemerkenswert dunkle Blütenfarbe. Die kaum bemoosten Knospen öffnen sich im Juni zu auffallend dunklen, karmesinroten

Ursprung: Frankreich
(Laffay) 1845
Höhe: 1,2 m
Härtezone: 5
Bezugsquellen: 5, 7, 8, 18,
19, 29, 32, 33, 37, 41, 46

Rosetten (Durchmesser 5 cm). Die Kronblätter biegen sich in alle Richtungen, so daß gelegentlich die helleren Unterseiten sichtbar werden; in der Textur erinnern sie an alten Samt. Später werden die Blüten bauschiger und nehmen eine reizvoll blasse, lilapurpurne Tönung an. In diesem Stadium werden auch ihre gelben Staubgefäße sichtbar. Einzigartig ist auch der intensive Duft der Blüten. Das Laub ist satt dunkelgrün. Der starkwüchsige Busch zeichnet sich durch aufrechten Wuchs und hoch aufragende, mit roten, haarfeinen Stacheln bedeckte Blütentriebe aus.

Die dunkle Färbung, die vergleichsweise zierlichen, aber fein gestalteten Blüten und der einzigartige Duft machen den besonderen Wert dieser Rose aus. Als Standort ideal ist ein Platz, an dem man ihren Wohlgeruch von nahem genießen kann. Am besten blüht und duftet sie in der Sonne. In schmalen Rabatten um einen Sitzplatz kommt sie zusammen mit anderen duftenden Pflanzen wie Lavendel, Nelken oder Salbei hervorragend zur Geltung. Einem rot-purpurnen Farbschema verleiht sie eine tiefe, melancholische Note.

Rosa nutkana 'Plena'

Ursprung: Westliches
Nordamerika 1894
Höhe: 2,5 m
Härtezone: 5
Bezugsquellen: 5, 8, 9, 18,
19, 29, 33, 37, 39, 41, 46

Diese Rose, die früher als *Rosa californica* 'Plena' bekannt war, ist nicht nur in jedem Detail, sondern in ihrer ganzen Erscheinung bezaubernd. Die dekorativ rostroten Knospen sind von länglichen Kelchblättern umgeben, die weit über die Spitzen hinausragen. Sobald sie aufspringen, kommen die anmutig eingerollten Blütenköpfe zum Vorschein. Anfang Juni sind die halbgefüllten, leuchtend rosaroten Rosetten (Durchmesser 6 cm) voll erblüht. Sie bleiben auch später leicht schalenförmig. Sie verströmen einen köstlichen, kräftig süßen Duft. Das schöne, graugrüne Laub besteht aus anmutig gezähnten Fiederblättchen. Seinen kompakten, geschlossenen Wuchs verdankt der Busch den kurzen Blütentrieben. Die Hagebutten, die sich im Sommer orangerot färben, sind melonenförmig und tragen noch immer die spitzen Kelchblätter, die bereits das Bild der Knospen geprägt hatten.

Eine ausgewachsene, in voller Blüte stehende *Rosa nutkana* 'Plena' ist im Garten eine Augenweide. In einer breiten Gemischten Rabatte wirkt der aufrechte Busch mit seinem schönen Laub und den malerischen Hagebutten noch lange nach dem Verblühen ausgesprochen dekorativ. Ich freue mich an dieser Rose in einer Obstwiese zwischen Apfelbäumen, Quitten und Mispeln – einem Rahmen, in dem ihr Wildrosencharakter sehr gut zur Geltung kommt.

Rosa 'Nyveldt's White'

Ursprung: Niederlande
(Nyveldt) 1955
Höhe: 1,5 m
Härtezone: 4
Bezugsquelle: 5

Manche Rosen bezaubern uns auf den ersten Blick, während andere wie diese liebliche Rugosa-Rose ihren verführerischen Charme erst nach und nach entfalten. Aus den konisch zulaufenden, cremerosa Knospen, die mit borstigen Kelchblättern geschmückt sind, entfalten sich im Juni die weißen Blüten (Durchmesser 9 cm). Sie sind ungefüllt und fallen durch ein Büschel zitronengelber Staubgefäße auf. Die eleganten Kronblätter sind gewellt und von seidiger Textur. Leicht überlappend zeigen sie ein Netzmuster aus Adern. Die Blüten duften schwach, aber süß. Sehr dekorativ wirkt das Laub mit den ledrigen, glänzenden Blättern, die so typisch für Rugosa-Rosen sind, auch wenn die lebhaft grünen und etwas schlaffen Fiederblätter länger und schmaler ausfallen. Ganz früh schon, bereits mit dem ersten Blütenflor, bilden sich die großartigen Hagebutten, die sich im Spätsommer herrlich scharlachrot färben.

Angeblich wurde diese Rose ehemals als Heckenrose gezogen. Aber ihr kräftiger, aufrechter Wuchs, die anmutigen Blüten und das vortreffliche Laub kommen, als Solitärpflanze verwendet, ungleich besser zur Geltung. Ideal ist sie für eine Gemischte Rabatte, in der die öfterblühende Rose das ganze Gartenjahr hindurch dekorativ wirkt und mit nahezu jeder Pflanze harmoniert. Auch im naturnah zwanglosen Rahmen wird ihr kraftvoller, aber feiner Charakter geschätzt. Im Halbschatten sind ihre leuchtenden Blüten und die glänzenden Blätter am schönsten.

Rosa × odorata 'Mutabilis'

Ursprung: China vor 1896
Höhe: 2,5 m
Härtezone: 7
Bezugsquellen: 18, 32, 36, 37, 39, 46

Diese mysteriöse Rose, deren Ursprung ungewiß ist, war ehemals als 'Tipo Ideale' (sie tauchte erstmals in Italien auf) und als *Rosa turkestanica* bekannt. Ihre länglichen, spitz endenden Knospen sind zunächst orangerot und öffnen sich im Juni zu großen, offenen Blüten (Durchmesser 6 cm). Sie sind anfangs schwach schalenförmig, blaß aprikosengelb mit einer Spur Rot, weiten sich allmählich aber zu flachen Tellern mit eleganten, voneinander abgesetzten Kronblättern, die intensiv karmesinrosa gefärbt sind und flüchtig süß duften. Nach dem ersten überwältigenden Flor erscheinen die ganze Saison über Blüten. Das Laub besteht aus schön geformten Fiederblättchen, die in der Jugend bronzefarben überlaufen sind.

'Mutabilis' hat eine geheimnisvolle Ausstrahlung. Manche Rosenfreunde lehnen ihr wechselndes Farbenspiel strikt ab. Mir gefällt diese Rose jedoch immer besser, je öfter ich sie sehe. Ob man sie nun mag oder nicht – die Blüten sind zweifellos elegant, und vor dem Verblühen drehen sich die Kronblätter sehr anmutig. Obgleich diese Rose recht frostempfindlich ist, bildet sie in einem geschützten Garten einen großartigen, ausladenden Strauch mit lockerem Wuchs. Ihre schlanken Triebe lassen sich wirkungsvoll an einer schützenden Mauer hochziehen. In Kiftsgate Court kann man sie bewundern, wie sie über 6 m hoch an einer Mauer hinaufklettert. Es gehört schon etwas Mut dazu, *Rosa × odorata* 'Mutabilis' als dramatisches Kernstück in eine gewagte Farbkombination einzubinden. Wer zurückhaltendere Effekte vorzieht, sollte sie als sehr schönen Solitärstrauch verwenden.

Rosa × odorata 'Pallida'

Ursprung: China 1789
Höhe: 1,8 m
Härtezone: 7
Bezugsquellen: 5, 7, 8, 9, 18, 19, 29, 31, 32, 33, 36, 37, 46

Diese alte China-Rose läuft unter verschiedenen Namen. Heute heißt sie offiziell *Rosa × odorata* 'Pallida', aber sie war auch als 'Old Blush China', 'Parson's Pink' und – in Anspielung auf ihre Fähigkeit, in jedem Monat des Jahres zu blühen – als 'Monthly Rose' bekannt. Historisch betrachtet, handelt es sich um eine bedeutende Rose, weil sie zu den vier als Zuchtgrundlage dienenden China-Rosen, den direkten Vorfahren zahlloser neuerer Rosen, gehört. Diese zeitlos schöne Rose sollte in keinem Garten fehlen. Ihre leuchtendrosa Knospen öffnen sich zu halbgefüllten Blüten (Durchmesser 6 cm), deren hübsches, silbriges Rosa mit dunklergetönten Adern durchzogen ist. Die Kronblätter rollen sich an den Rändern nach innen und bilden lockere, unwiderstehlich reizvolle Blüten. Der Duft ist köstlich süß und rein. Obgleich der Hauptflor im Sommer erscheint, handelt es sich um eine öfterblühende Rose, die bisweilen mitten im Winter Blüten hervorbringt. Die eleganten Blätter sind rund-oval und enden in einer lang ausgezogenen Spitze.

'Old Blush' bildet einen aufrechten Busch, läßt sich aber auch gut an einer sonnigen Mauer ziehen, wo sie im Winter am ehesten zum Blühen kommt. Als Kletterpflanze wirkt sie meiner Ansicht nach allein am schönsten, denn nichts sollte von ihrem stillen Charme ablenken. Sie eignet sich aber auch als Strauch für die Gemischte Rabatte zusammen mit anderen, ähnlich anmutigen Pflanzen. Ihre rosa Blüten passen gut zum silbrigen Blau von Stauden wie *Campanula persicifolia* und später zu *Perovskia atriplicifolia* mit blauen Blüten und blaßgrauem, feingefiedertem Laub.

Rosa 'Oeillet Parfait'

Ursprung: Frankreich
(Foulard) 1841
Höhe: 1,2 m
Härtezone: 4
Bezugsquelle: 46

Diese Rose ist auch als 'Oeillet Flamand' bekannt. „Oeillet" ist das französische Wort für Nelke, und die an den Spitzen der hohen Triebe stehenden Blüten gleichen tatsächlich Nelken. Die Knospen sind sehr dekorativ und haben stark gegliederte, spitze Kelchblätter, die beim Teilen nach und nach das leuchtende Rot des aufgehenden Blütenkopfs enthüllen. Im Juni öffnen sich die intensiv rosaroten Blüten (Durchmesser 8 cm) und verströmen einen köstlich vollen, würzigen Duft. Sie stehen in üppigen Büscheln an den Spitzen der Triebe, die dicht mit sehr feinen, roten Stacheln besetzt sind. Die Kronblätter wirbeln in alle Richtungen, stehen aber dicht gedrängt und lassen die Blüte reizvoll kompakt erscheinen.

Das Laub besteht aus gefalteten Fiederblättern, die markant geadert sind. Sie wirken bezaubernd schlaff und bewegen sich beim kleinsten Lüftchen. Die Triebe sind so dünn und biegsam, daß sie womöglich eine Stütze benötigen. Ein Rückschnitt nach der Blüte fördert den Austrieb kräftigen Holzes.

Diese heitere Rose fügt sich harmonisch in die verschiedenartigsten Bepflanzungen ein. Von ihrem Namen abgesehen, paßt sie in der Tat vortrefflich in ein Beet mit weißen, mehrfarbigen und rosa Nelken. In einer Rabatte stützt man sie am besten, indem man sie dicht mit entsprechend kleinen Sträuchern umgibt, wie *Cistus ladanifer* mit weißen Blüten und einem karmesinroten Fleck in der Mitte oder Lavendel, *Lavandula angustifolia* 'Munstead', mit zartblauen Blüten.

Rosa 'Paulii'

Ursprung: England (Paul)
1903
Höhe: 1,2 m
Härtezone: 4
Bezugsquellen: 5, 9, 11, 18,
19, 29, 37, 39, 46

Sie entstand aus einer Kreuzung zwischen *Rosa rugosa*
und der in Nordeuropa heimischen Feldrose, *Rosa ar-
vensis*. Ihre länglichen, spitzen Knospen sind rahmweiß
und zeigen auffallende, spitz zulaufende Kelchblätter,
die beachtlich über die Enden der Knospen hinausragen.
Im Juni öffnen sich die ungefüllten, duftenden weißen
Blüten (Durchmesser 10 cm). Die Kronblätter der voll
entfalteten Blüte stehen voneinander getrennt und haben abgerundete Spitzen. Sie sind leicht gefältelt und
erinnern an zart knitternde Seide. 'Paulii' bildet einen
ungewöhnlich ausladenden Busch, der zwei-bis dreimal
so breit wie hoch wird. Die rosablühende Form, *Rosa*
'Paulii Rosea', soll etwas gemäßigter im Wuchs sein und
später eine Nachblüte hervorbringen.

In Blüte und Laub hat *Rosa* 'Paulii' die typische Ausstrahlung einer Wildrose, und aufgrund der besonderen
Wuchsform gehört sie zu den schönsten Bodendeckern
überhaupt. Am besten zur Geltung kommt sie innerhalb
einer Gehölzgruppe, in einer Obstwiese oder auch an
einem Hang. Sie gedeiht ausgezeichnet im Schatten und
bildet ein dekoratives Füllelement für eine größere Ecke
in einem Hof.

Rosa 'Pax'

Ursprung: England
(Pemberton) 1918
Höhe: 1,8 m
Härtezone: 4
Bezugsquellen: 5, 18, 32, 46

Sie gehört zu den schönsten öfterblühenden, weißen Rosen. Ihre langen, spitzen Knospen wirken, umgeben von bärtigen Kelchblättern, sehr dekorativ. Beim Aufspringen erscheint die Blütenfarbe zunächst cremegelb, voll entfaltet überraschen die Blüten (Durchmesser 10 cm) aber mit weißem Grund und cremefarbenen Schattierungen in der Mitte. Sie sind sehr locker gefüllt, leicht schalenförmig und verströmen einen süßen, lieblichen Duft. Der erste Flor steht in üppigen Büscheln an den Spitzen des alten Holzes, während die ebenso reiche Nachblüte an den fleischigen, jungen Trieben erscheint, die der Busch austreibt. Die neuen Schosse sind auffallend rotbraun und die Blätter markant gezähnt, ebenmäßig und mit bis zu 10 cm Länge ausnehmend groß.

Obgleich der Name 'Pax' etwas spröde und einsilbig klingt, wirkt die Rose im Charakter sinnlich voll. Die weichen Rundungen ihrer Blütenblätter, der lockere, offene Wuchs und das leicht schlaffe Laub verleihen ihr eine lässige Ungezwungenheit. Aufgrund ihrer biegsamen Triebe ist sie auf eine Stütze angewiesen; sie läßt sich aber auch wirkungsvoll als Kletterrose ziehen. In

Gegenüberliegende Seite:
Rosa 'Penelope'

Ursprung: England
(Pemberton) 1924
Höhe: 1,8 m
Härtezone: 5
Bezugsquellen: 5, 7, 8, 9,
10, 11, 13, 19, 20, 23, 29,
36, 37, 39, 46

einer großen Rabatte empfiehlt es sich, ihre Zweige über einer Kletterpyramide oder an einer Säule zu ziehen. Zuverlässig blühend bildet sie auf diese Weise einen faszinierenden Blickfang. Sofern man sie nicht daran hindert, rankt und klettert sie höchst malerisch zwischen Nachbarpflanzen hindurch. Besonders geschätzt wird 'Pax' als Kernstück einer Gemischten Bepflanzung, in der gedämpfte Farbtöne dominieren.

Rosa 'Penelope'

Diese rundum vorzügliche Moschata-Hybride ist ein Paradebeispiel kunstvoller Rosenzüchtung. Obgleich sie nur entfernte Ähnlichkeit mit ihren Vorfahren in der Natur hat, fehlt ihr dennoch jede Spur jener Künstlichkeit, die so viele neuere Rosen verdirbt. Ihre Knospen sind von langen, spitzen Kelchblättern umgeben, die beim Aufspringen ein leuchtendes Orangerosa enthüllen. Die Blüten (Durchmesser 9 cm), die sich Anfang Juni öffnen, überraschen indes mit einer leuchtend rosaroten Mitte, die am Rand zu Weiß verblaßt. Sie sind halbgefüllt und duften süß und würzig. Mit der Zeit nehmen sie eine fast weiße Färbung an; dabei setzen sich die zerknitterten und an den Rändern zurückgebogenen Kronblätter noch stärker voneinander ab, so daß die Rosetten später ungleich voller erscheinen. Die dunkelgrünen Blätter sind stark gezähnt und rundlich, die Triebe hübsch rotbraun. 'Penelope' blüht das ganze Gartenjahr über und schmückt sich im Herbst mit eigenartigen, malerischen Hagebutten.

Am reizvollsten wirkt diese Rose an einem leicht schattigen Standort, an dem sie ausgesprochen schön blüht. An einem kühleren und weniger sonnigen Platz, verändern sich Farbe und Form der Blüten langsamer. Es ist eine großartige Beetrose. Ihr üppiger Flor und der erstaunlicherweise eher ausgelassene und ungezügelte als strenge und formale Charakter verleihen ihr eine kraftvolle Note. Ohne aufdringlich zu wirken, behauptet sie sich in nahezu jeder Bepflanzung.

Ursprung: Frankreich
(Vibert) 1845
Höhe: 90 cm
Härtezone: 5
Bezugsquelle: 20

Rosa 'Perle des Panachées'

Diese Rose gehört zu den schönsten mehrfarbigen Züchtungen. Ihre hübschen, prallen Knospen sind blutrot und von spitzen Kelchblättern umgeben. Sie öffnen sich im Juni zu gefüllten Blüten (Durchmesser 6 cm) mit

rahmweißem Grund und vielfältigen Streifen und Sprenkeln in lebhaftem Karmesinrot. Obgleich die Blüten kompakt und schön geformt sind, drehen sich die Kronblätter wahllos in alle Richtungen, so daß sich eine lebhafte Struktur ergibt. Sie duften schwach, aber unverkennbar nach Moschus. Die blaßgrünen Blätter sind tief geadert und fühlen sich ledrig an.

'Perle des Panachées' wächst zu einem kräftigen, aufrechten Busch heran. Besonders reizvoll wirkt der Kontrast zwischen den ebenmäßig geformten Blüten und den wild durcheinanderwirbelnden, farbenfrohen Kronblättern. Diese kleine Rose eignet sich für den Vordergrund einer Rabatte. Dabei sollte man allerdings im Auge behalten, daß als Partner nur luftig und leicht wirkende Pflanzen in Frage kommen wie blaß mauvefarbene *Viola cornuta* oder *Astrantia major* 'Rubra'.

Rosa 'Petite de Hollande'

Ursprung: Niederlande vor 1800
Höhe: 90 cm
Härtezone: 5
Bezugsquellen: 5, 8, 9, 19, 24, 29, 32, 46

Diese kleine Zentifolie, die auch als 'Pompon des Dames' bekannt ist, bietet in kompakter Form viele Vorzüge der größeren Strauchrosen. Die Knospen, die in üppigen Büscheln an den Spitzen der Triebe stehen, fallen durch dekorative, fein gegliederte Kelchblätter ins

Auge; sie sind spitz und ragen weit über die Enden der Knospen hinaus. Im Juni erscheinen die stark gefüllten, süß duftenden Blüten (Durchmesser 5 cm), die leuchtend karmesinrosa gefärbt sind und an den Rändern eine silbrige Tönung annehmen. Die Blüten sind anfangs leicht schalenförmig, voll aufgeblüht wirbeln die Kronblätter aber lebhaft in alle Richtungen und verleihen den Blüten eine interessante Struktur. Im Laufe der Zeit verblassen sie farblich zu gedämpftem Silberrosa. Das blaugrün getönte Laub ist gefiedert und besteht aus gefalteten und gezähnten Einzelblättern. Die blaßgrünen Triebe sind mit haarfeinen Stacheln bedeckt.

'Petite de Hollande' wird als wuchsfreudiger kleiner Busch mit harmonisch auf seine Größe abgestimmten Blättern und Blüten geschätzt. Am besten setzt man ihn in eine sonnige, kleine Rabatte zusammen mit entsprechend zierlichen Stauden und Sträuchern. Veilchen und weiße *Viola cornuta*, *Nigella damascena* (insbesondere die etwas voller blühende Form 'Miss Jekyll') und silbergrauer *Stachys byzantina* passen im Charakter gut zu der Rose.

Rosa 'Petite Lisette'

Ursprung: Frankreich (Vibert) 1817
Höhe: 1,2 m
Härtezone: 4
Bezugsquellen: 5, 8, 18, 19, 32, 46

Auch wenn diese Züchtung zu den kleineren Damaszener-Rosen zählt, wirkt sie ebenso ausdrucksvoll wie ihre größeren Schwestern. Die dekorativen Knospen sind umgeben von filigranen Kelchblättern. Sie öffnen sich im Juni zu gefüllten Blüten (Durchmesser 6 cm). Ihr mauvegetöntes, blasses Rosa hellt sich am Rand zu sibrigem Rosa auf. Die Kronblätter überlappen einander dekorativ und bilden in der Mitte einen Wirbel, der die

Staubgefäße einrahmt. Die süß duftenden Blütenköpfe stehen an den Spitzen der fein bestachelten Triebe. Das mittelgrüne Laub besteht aus rund-ovalen, gezähnten Fiederblättern.

'Petite Lisette' zeichnet sich vor allem durch Zierlichkeit aus. Das macht sie zu einer der schönsten kleineren Strauchrosen für Gärten von bescheidenerem Ausmaß. Die kleinen Blüten sind harmonisch auf die Größe der Pflanze abgestimmt und wiegen sich an den Spitzen der schlanken Triebe. Am besten setzt man die Rose in den Vordergrund einer Rabatte, damit man ihren lieblichen Duft entsprechend genießen kann. Als Unterpflanzung eignen sich Nelken, die mit ihrem graugrünen Blattwerk einen hervorragenden Kontrast zu Rosen bilden. In Verbindung mit den Polstern des Schmalblättrigen Salbeis, *Salvia lavandulifolia*, oder den glänzenden silberblauen Blüten von ausdauerndem Flachs, *Linum perenne*, bietet sich ein herrliches Bild.

Rechts: *Rosa pimpinellifolia* 'Grandiflora'

Rosa pimpinellifolia

Ursprung: Nordeuropa
Höhe: 90 cm
Härtezone: 4
Bezugsquellen: 2, 3, 4, 5, 6, 9, 15, 18, 19, 21, 22, 23, 24, 25, 27, 28, 29, 32, 33, 35, 37, 39, 46, 48

Die Schottische Rose oder Burnet-Rose, die man oft auf den sandigen Dünen der Meeresküsten findet, gehört zu den schönsten europäischen Wildrosen. Die Art bildet einen niedrigen Strauch mit kleinen, gelben Knospen. Sie öffnen sich im Mai zu anmutigen, schalenförmigen Blütchen (Durchmesser 4 cm), die in der Regel rahmweiß, gelegentlich aber auch rosa gefärbt sind. Das dekorative, farnähnliche Laub besteht aus graugrünen, gezähnten Fiederblättern. Die Triebe sind stark bewehrt. Im Spätsommer bilden sich auffallend schwarze Hage-

Rechts: *Rosa × harisonii*
Bezugsquellen: 5, 18, 29, 39, 46

butten. *Rosa pimpinellifolia* zählt zu den frostverträglichsten Rosen überhaupt und gedeiht in extrem mage-
rem Boden.

Die vielen Sorten und Kreuzungen dieser Rose stellen
bewundernswerte Gartenpflanzen dar. Meist recht zierlich wirken sie als Gruppe in einem kleinen Garten sehr
malerisch. Aus dem großen Sortiment sei hier nur eine
kleine Auswahl aufgeführt. Die 'Dunwich Rose' bildet
eine auffallende Kuppel, die etwa 60 cm hoch und mindestens doppelt so breit wird. Sie bringt unzählige
cremegelbe, ungefüllte Blüten (Durchmesser 4 cm) her-
vor.Mit ihrem unverkennbaren Wildrosencharakter ist
sie ideal für Gärten in der Stadt. Obwohl sie nur einmal
blüht, bietet sie sehr malerisches Laub mit gefältelten
Fiederblättchen und einen gefälligen, buschigen Wuchs.
Die Züchtung *Rosa pimpinellifolia* 'Grandiflora' (auch
als *R. p. altaica* bekannt) hat wesentlich größere Blüten
(Durchmesser 6 cm) als die Art. Die anmutigen, rahmweißen Rosetten fallen durch hervortretende, gelbe
Staubgefäße und eine goldgelbe Mitte auf. 'Grandiflora'
wächst zu einem bis 1,5 m hohen Busch heran, der im
Schatten gut gedeiht. Es ist eine der besten, im Spätfrühling blühenden Rosen. *Rosa pimpinellifolia* 'Harisonii'
(heute korrekterweise als *Rosa × harisonii* oder 'Hari-
son's Yellow' bezeichnet) hat herrliche, leuchtendgelbe
Blüten, die zunächst kugelförmig sind und sich dann zu
halbgefüllten Rosetten (Durchmesser 5 cm) weiten. Sie
bildet einen staksigen, bis 1,8 m hoch werdenden Busch
mit hübschem, grauem Laub. Sie verträgt Schatten und
eignet sich für eine naturnahe Ecke des Gartens, wo sie
mit ihrem Flor etwa die Narzissen ablösen könnte.

Rosa 'Pompon Blanc Parfait'

Ursprung: 1876
Höhe: 1,5 m
Härtezone: 4
Bezugsquellen: 5, 8, 24, 32, 46

Als eine der kleineren Alba-Rosen bringt diese Züchtung lange Zeit schöne Blüten hervor. Die prallen, behaarten Knospen mit den spitzen, stark gegliederten Kelchblättern öffnen sich im Juni zu gefüllten Blüten (Durchmesser 6 cm). Ihr Name trügt, denn sie sind keineswegs reinweiß, sondern blaß cremerosa überlaufen. Die Kronblätter wirbeln in der Mitte durcheinander, an den Rändern hingegen sind sie anmutig zurückgebogen und zu klaren konzentrischen Kreisen gereiht. In üppigen Büscheln stehen die Blüten an den beinahe stachellosen, blaßgrünen Trieben. Sie duften köstlich voll und intensiv. Das graugrüne Laub besteht aus gezähnten Blättern, die wesentlich kleiner als die anderer Alba-Rosen sind.

'Pompon Blanc Parfait' vereinigt in kompakterer Form sämtliche Vorzüge der Alba-Rosen: aufrechten Wuchs, hübsches Laub und schöne Blüten. Das macht sie zum idealen Vertreter einer für kleinere Gärten geeigneten Rosengruppe. Da sie in Gestalt und Blütenfarbe sehr anpassungsfähig ist, läßt sie sich vielseitig verwenden und gut mit Stauden kombinieren. Stets einladend wirkt je eine Rose an beiden Seiten eines Tors oder am Beginn eines Wegs. Aber auch in der Rabatte bildet diese Rose ein vielbewundertes Strukturelement, insbesondere zwischen gedämpften Blau-, Creme- und Weißtönen.

Rosa 'Portlandica'

Ursprung: Italien vor 1775
Höhe: 90 cm
Härtezone: 4
Bezugsquellen: 5, 7, 9, 18, 19, 24, 32, 33, 46

Diese oft als Portland-Rose oder 'Duchess of Portland' bezeichnete Sorte ist eine der ersten Hybriden der *Rosa gallica*, die als Gartenrose auch heute noch reizvoll ist. Die auffallenden, purpurnen Knospen sind von spitzen Kelchblättern eingefaßt. Sie öffnen sich im Juni zu halbgefüllten, prächtig purpurvioletten Blüten (Durchmesser 8 cm), die intensiv würzig duften. Die Kronblätter sind dunkler geädert und an den Rändern gerüscht; in der Mitte legt sich ein Kranz kleinerer Kronblätter um die goldgelben Staubgefäße. Mit der Zeit färben sich die Blüten silbrigrosa. Wenn man die welken Blütenstände regelmäßig ausschneidet, erscheinen die ganze Saison über immer wieder Blüten.

'Portlandica' ist eine wertvolle, kleine Strauchrose. Ihre großzügigen Blütenbüschel stehen hoch über dem hübschen, blassen Laub, das einen sehr schönen Kontrast zu der lebhaften Blütenfarbe bildet. Die ausläufertreibende Rose eignet sich als malerisch niedrige Hecke zur Einfassung eines Weges – so läßt sich ihr intensives Parfum in vollen Zügen genießen. Auch in einer Rabatte kommt sie zusammen mit Rot-, Rosa- und Purpurtönen gut zur Geltung, zumal sie niedrig genug ist, um

157

sich zu kleineren Stauden wie *Diascia*, zierlichen *Geranium*-Arten, Nelken und *Viola* zu gesellen, die für den vorderen Rand einer Rabatte wie geschaffen sind. Dekorativ wirkt sie auch mit niedrigeren Sträuchern: ein hübscher Partner ist beispielsweise der Salbei *Salvia officinalis* 'Purpurascens'.

Rosa 'Président de Sèze'

Ursprung: Frankreich (Hébert) 1836
Höhe: 1,5 m
Härtezone: 4
Bezugsquellen: 5, 7, 8, 18, 19, 32, 33, 46

Die auch als 'Madame Hébert' und 'Jenny Duval' bekannte 'Président de Sèze' ist eine Gallica-Rose mit spektakulären Blüten von einzigartiger Färbung. Die nahezu kugelförmigen Knospen stehen an sehr fein bestachelten Trieben. Sie sind von spitzenartigen Kelchblättern umgeben, die sich dekorativ aufrollen, um das dunkle Rot des geschlossenen Blütenkopfs zu enthüllen. Die gefüllten, leuchtend magentarosa Blüten (Durchmesser 8 cm) zeigen dicht gedrängte Kronblätter in der Mitte und außen blasser silbrigrosa getönte Kronblätter, die sich zurückbiegen. In späterem Stadium nehmen die Blüten eine etwas zerzaustere Form an und verblassen zu bezaubernd hellem Violettrosa. Das Laub besteht aus ansehnlich blaßgrünen, zurückgebogenen Fiederblättern.

Schöne Blüten, köstlicher Duft und einzigartiges Blattwerk zeichnen 'Président de Sèze' aus. Sie wächst zu einem aufrechten, reichblühenden Busch heran. In einer Gemischten Rabatte erregen die großen Blüten

Aufmerksamkeit, farblich passen sie sich indes ohne weiteres sowohl zarteren Rosa- als auch intensiveren Purpurtönen an. Sehr gut harmonieren sie mit blauen, violett getönten Blüten wie *Campanula persicifolia* oder Wiesensalbei, *Salvia pratensis*. Beeindruckt hat mich diese Rose am Rand einer Rasenfläche, auf der ihre abgefallenen, violettrosa Blütenblätter verstreut lagen.

Rosa 'Prince Charles'

Ursprung: Unbekannt, vor 1918
Höhe: 1,2 m
Härtezone: 5
Bezugsquellen: 5, 18, 19, 32, 46

Diese Bourbon-Rose unterscheidet sich durch ihre aufregend dunkelpurpurnen Blüten von sämtlichen anderen Rosen ihrer Gruppe. Sobald sich die Kelchblätter teilen, kommen die nahezu schwarz karmesinroten Kronblätter zum Vorschein. Im Juni öffnen sich die gefüllten, zunächst leicht schalenförmigen Blüten (Durchmesser 8 cm), die durch intensive karmesinpurpurne Färbung auffallen und moschusartig süß duften. Die zurückgebogenen Kronblätter sind an den Rändern silbrigpurpurn überhaucht. Später lockert sich die Form der Blüten sichtbar auf, und die einen blasseren Magentaton annehmenden Kronblätter biegen sich zurück, um auffallende, goldgelbe Staubgefäße zu enthüllen. Die Blüten ragen ansehnlich über dem Laub auf. Sie stehen an hohen, blaßgrünen Trieben, die dicht mit haarfeinen, roten Stacheln bedeckt sind. Im Gegensatz zu andern Bourbon-Rosen blüht 'Prince Charles' nur einmal. Die kräftigen Blätter sind ungewöhnlich blaßgrün und tief geadert.

'Prince Charles' gedeiht gut im Halbschatten. Ich erinnere mich aber auch an das bezaubernde Bild dieser Rose in einer sonnigen Rabatte zwischen den schlanken, purpurnen Blättern von *Lobelia* × *speciosa* 'Queen Victoria' und den schwankenden karmesinroten Blütenköpfen der *Knautia macedonica*. Der ziemlich biegsame Busch profitiert von einer Stütze durch kleinere Sträucher wie Lavendel oder *Caryopteris* × *clandonensis*; das bleigrüne Laub bildet einen prächtigen Kontrast zu den karmesinroten Rosenblüten.

Rosa 'Raubritter'

Ursprung: Deutschland
(Kordes) 1936
Höhe: 90 cm
Härtezone: 4
Bezugsquellen: 5, 7, 8, 9,
18, 19, 22, 24, 32, 33, 35,
37, 46, 48

Diese neuere Rose, eine Kreuzung von *Rosa* 'Macrantha', zeichnet sich durch ungewöhnlichen Wuchs und bezaubernde Blüten aus. Sie entfaltet sich im Juni und bringt eine Fülle schalenförmiger, halbgefüllter Blüten (Durchmesser 5 cm) mit einem markanten Busch aus Staubgefäßen hervor. Die schwach süß duftenden Blüten bewahren ihre Schalenform und erinnern an winzige Bourbon-Rosen. Ihr anfangs lebhaft dunkles Rosa verblaßt mit der Zeit zu zartsilbrigem Rosa. Diese Farbvariation verleiht dem in voller Blüte stehenden Busch seine schimmernde Wirkung. Die Rose blüht zwar nur einmal, dafür aber sehr ausdauernd. Das dunkle Laub besteht aus hübschen, schwach gezähnten Fiederblättern mit stark hervortretenden Adern; die Triebe sind dicht mit feinen Stacheln besetzt.

In dieser Rose verbinden sich Vorzüge wie farbenfrohe, aber elegante Blüten mit ungewöhnlich ausladendem, mindestens doppelt so breitem wie hohem Wuchs. Am Rand einer Terrasse oder in einem großen Topf fällt die üppige Blütenfülle malerisch herab. Auch im Vordergrund einer Rabatte verweben sich ihre breit dahingelagerten Triebe dekorativ mit anderen niedrigen Pflanzen, ohne sie zu erdrücken. Bezaubert hat mich die Rose zwischen den Kuppeln des Schmalblättrigen Lavendels, *Lavandula angustifolia*, der mit seinem grauen Laub und den violetten Blüten ein hervorragender Begleiter ist. 'Raubritter' gedeiht gut im Halbschatten.

Rosa 'Reine des Violettes'

Diese Remontant-Rose bringt das ganze Gartenjahr über immer wieder verschwenderisch volle Blüten hervor. Die prallen Knospen mit den dekorativen, flügelartigen Kelchblättern erscheinen zunächst intensiv karmesinrot. Im Juni öffnen sich die üppig gefüllten, Blüten (Durchmesser 9 cm), deren leuchtendes Violett mit Rosa- und Purpurtönen durchsetzt ist. Die dicht gedrängten Kronblätter, die mit einem Netzmuster dunklergefärbter Adern überzogen sind, wirbeln in alle Richtungen und formieren sich zu lockeren Vierteln. Vor dem Verblühen werden die Blüten bauschig. Sie duften schwer und intensiv nach Moschus. Das ansehn-

Ursprung: Frankreich
(Millet Malet) 1860
Höhe: 1,2 m
Härtezone: 5
Bezugsquellen: 5, 7, 8, 9,
18, 19, 20, 29, 32, 36, 46

lich gefiederte Laub besteht aus schön geformten, rundlichen und gezähnten Blättern. 'Reine des Violettes' bildet einen aufrechten, kräftigen Strauch, dessen Blüten an hohen, nahezu stachellosen Trieben stehen.

Diese hervorragende Remontant-Rose empfiehlt sich insbesondere für Rosenliebhaber, die keinen großen Garten haben, dennoch aber auf die Freude an einer Alten Rose – ihren schönen, üppigen Flor, den bezaubernden Duft, das prächtige Laub und, wie in diesem Fall, mehrfach erscheinende Blüten – nicht verzichten möchten. Sie eignet sich sehr gut als Mittelpunkt für eine bescheidene Gemischte Rabatte. Farblich harmoniert sie ebenso schön mit Rosa-und Blautönen wie mit einem Farbspektrum, in dem leuchtendes Rot und Purpurtöne vorherrschen. Um ihre volle Schönheit zu entfalten, benötigt sie allerdings einen sonnigen Standort.

Rosa 'Reine Victoria'

Diese auch als 'La Reine Victoria' bekannte Bourbon-Rose hat denkwürdig schöne, gefüllte Blüten (Durchmesser 6 cm), die durch ihre becherartige Form und nach innen gerollte Kelchblätter auffallen. Aus prallen, grün-rotgestreiften Knospen öffnen sich im Juni die in

Ursprung: Frankreich
(Schwartz) 1872
Höhe: 1,8 m
Härtezone: 5
Bezugsquellen: 5, 7, 8, 9,
11, 18, 19, 20, 23, 24, 29,
32, 33, 36, 45, 46, 48

großzügigen Sträußen stehenden Blüten. Ihr zartes Lachsrosa, das genau dem Farbton auf alten Bildern entspricht, ist durch eine dunkler getönte Blütenmitte abgesetzt. 'Reine Victoria' blüht nach dem ersten üppigen Flor mehrfach und duftet schwach, aber ganz süß. Die Triebe sind stachlig und die Blätter dekorativ gezähnt. Ihre Anfälligkeit für Sternrußtau ist allgemein bekannt.

Die anmutigen Blütenbecher, die sich an den Spitzen der schlanken Triebe erheben, verleihen dem Busch eine elegante Note. In der Gemischten Rabatte wirkt 'Reine Victoria' sehr schön in Verbindung mit Stauden, die den hellen Silberton ihrer Blüten aufgreifen. *Geranium* 'Johnson's Blue' und das edle Lilarosa der Blütentrauben von *Campanula latiloba* 'Hidcote Amethyst' bringen die Farbe prächtig zur Geltung. Später im Jahr harmoniert die Rose mit den blauen Blüten und dem grauen, vielfach eingeschnittenen Laub von *Caryopteris × clandonensis*. Nicht ratsam ist eine Kombination mit sehr großblütigen Pflanzen. In der Rabatte bildet 'Reine Victoria' ein geschätztes Strukturelement.

Rosa 'René d'Anjou'

Ursprung: Frankreich
(Robert) 1853
Höhe: 1,2 m
Härtezone: 5
Bezugsquellen: 5, 18, 19,
24, 32, 46

Diese kleine, äußerst schmuckvolle Moosrose bringt außergewöhnlich schöne Blüten hervor. Die schönen, rosaroten Knospen öffnen sich im Juni zu gefüllten Blüten (Durchmesser 8 cm), die durch feines Zartrosa mit einem Hauch Lila auffallen. Sie sind anfangs leicht schalenförmig, die inneren Kronblätter zu Vierteln gruppiert und die äußeren anmutig zurückgebogen. Sie duften schwach würzig. Später nehmen die Blüten eine etwas intensivere Mauvetönung an. Das Laub schillert in kräftigem, gesundem Hellgrün, und die jungen, reizvoll bronzefarbenen Fiederblätter sind entlang der Mitte gefaltet. Die jungen Triebe sind mit haarfeinen Stacheln bedeckt.

'René d'Anjou' gedeiht gut im Halbschatten, zumal sich an diesem Standort auch die kräftige Färbung der einzigartigen Blüten am besten hält. In einer kleinen Gemischten Rabatte könnte dieser Rosenstrauch im Mittelpunkt stehen.

Am besten verbinden sich Pflanzen mit mauvefarbenen Blüten mit der Farbe dieser bezaubernden Rose. Ein großartiger Begleiter ist der ausdauernde Schöterich, *Erysium* 'Bowles Mauve', der nicht nur durch sein schönes, graugrünes Laub bezaubert, sondern auch durch eine lange Blütezeit. Empfehlenswert ist auch eine Kombination mit kleineren Stauden wie *Geranium*, Nelken und *Viola*, die sich farblich ebenfalls schön in das Bild einfügen.

Rosa 'Robert le Diable'

Ursprung: Frankreich,
Erscheinungsjahr
unbekannt
Höhe: 1,2 m
Härtezone: 5
Bezugsquellen: 5, 8, 9, 19, 24, 32, 46

Es ist geradezu kurios, daß sich bemerkenswert wenige, wirklich schöne Rottöne unter den Rosen finden – ganz gleich, ob unter den klassischen oder neueren Rosen. Eine der schönsten ist diese kleine Zentifolie, die zu den Alten Rosen gehört (Erscheinungsjahr unbekannt). Die fast schwarzroten, kugelförmigen Knospen öffnen sich im Juni zu schönen, locker gefüllten Blüten (Durchmesser 5 cm), die leuchtend karmesinrot gefärbt sind und schwach süß duften. Die Kronblätter, die sich wie schwerer Samt anfühlen, wirken mit den nach außen gebogenen Spitzen sehr anmutig. Das Blüteninnere ist durch ein grünes „Auge" markiert, umgeben von Kronblättern, die da und dort schattenartig mit rosa Streifen durchzogen sind. Vor dem Verblühen löst sich die kompakte Form etwas auf, und die Farbe verblaßt zu einem sehr attraktiven Lilaviolett. Die ledrigen Blätter sind am Rand rot abgesetzt und leicht gezähnt.

'Robert le Diable' bildet einen schönen, geschlossenen Busch mit bezaubernden roten Blüten, die ansehnlich über dem Laub stehen. In einer prunkvollen rot- und purpurfarbenen Bepflanzung bildet die Rose eine hervorragende Ergänzung, zumal purpurnes Laub einen großartigen Kontrast zu ihren Blüten bildet. Für den kleinen Busch eignen sich als Partner sehr gut niedrige Stauden wie etwa *Euphorbia dulcis* 'Chameleon', die mit ihrem üppigen, violettbraunen Laub dekorativ die Basis der Rose umspielen.

Rosa 'Roseraie de l'Haÿ'

Ursprung: Frankreich (Cochet-Cochet) 1901
Höhe: 1,8 m
Härtezone: 4
Bezugsquellen: 5, 7, 8, 9, 12, 17, 18, 19, 29, 30, 31, 32, 33, 34, 36, 37, 39, 42

Diese überaus beliebte Rose, die man oft als Hecke an europäischen Autobahnen sieht, ist dennoch eine bewundernswerte Gartenrose. Ihre langen, ebenmäßigen Knospen sind von spitz zulaufenden Kelchblättern umschlossen, die weit über ihre Enden hinausragen. Anfang Juni erscheinen die halbgefüllten Blüten (Durchmesser 13 cm), die intensiv purpurrot gefärbt sind und köstlich voll duften. Recht eigenwillig wirken die Kronblätter mit den leicht gezackten Rändern; sie lassen die Blüte in jeder Phase reizvoll aufgelöst erscheinen und verleihen ihr eine starke Ausstrahlung. Die Rose blüht das ganze Gartenjahr über unermüdlich. Das glänzende Laub besteht aus satt mittelgrünen, tief geaderten Blättern, die im Herbst eine schöne, rahmweiße Färbung annehmen. Auffallend sind die großen, üppig gerundeten Hagebutten, die orangerot leuchten. 'Roseraie de l'Haÿ' wächst zu einem beeindruckenden, aufrechten Busch heran.

Obgleich man dieser Rose überall begegnet, hat sie nichts von ihrem Charme eingebüßt. Im Garten passen ihre prächtig gefärbten Blüten am besten in eine Rabatte, in der Purpur- und Rottöne vorherrschen. Ich habe sie zusammen mit den kräftigen, dunkel violettblauen Blüten der krautigen *Clematis × durandii* gesehen, die dekorativ zwischen ihren Zweigen hindurchwuchsen. Sie verträgt Halbschatten und eignet sich hervorragend für Gärten in der Stadt.

Rosa 'Salet'

Ursprung: Frankreich (Lacharme) 1854
Höhe: 1,2 m
Härtezone: 5

Diese bezaubernde Moosrose bringt ungeheuer wirkungsvolle rosa Blüten hervor. Ihre hübschen, gerüschten Knospen sind von gefransten Kelchblättern umgeben, die beim Öffnen ein leuchtendes Rot zeigen. Im Juni entfalten sich die gefüllten, intensiv bonbonrosa

Blüten (Durchmesser 8 cm). Die Kronblätter sind an den Spitzen zurückgebogen und lassen ein lockeres Viertelmuster erkennen. Beim Aufblühen sind die Rosetten leicht schalenförmig; im Laufe der Zeit nehmen sie aber eine bauschig vollere, leicht zerzauste Gestalt an. Ihr Duft ist einzigartig süß. Das hübsche, hellgrüne Laub besteht aus elegant herabhängenden, schwach gezähnten Fiederblättern. Die Blüten stehen in großzügigen Büscheln an den endständigen, aufrechten Trieben.

Den ganzen Sommer über erfreut uns der aufrechte, schöne Busch mit seinem Flor. 'Salet' gehört zu den schönsten Moosrosen für den kleineren Garten. Die rosaroten Blüten harmonieren im Hochsommer sehr schön mit den Blau- und Violett-Tönen von Glockenblumen, *Geranium* und Lavendel. Ein herrliches Bild bieten sie im August-September zusammen mit den himmelblauen Blüten von *Salvia uliginosa*. Auch im Topf wird diese Rose bewundert. Ich erinnere mich an ein köstlich duftendes Rosenpaar, das eine Treppe zu einer sonnigen Terrasse umrahmte.

Rosa 'Scharlachglut'

Ursprung: Deutschland
(Kordes) 1952
Höhe: 3 m
Härtezone: 5
Bezugsquellen: 5, 8, 9, 18, 35, 37, 46, 48

Diese großartige, neuere Strauchrose, die auch als 'Scarlet Fire' bekannt ist, stammt von den Gallica-Rosen ab. Mir erscheint sie als ideale Kombination von Charakter, Üppigkeit und Natürlichkeit. Die eleganten, sich verjüngenden Knospen sind blutrot und von spitz zulaufenden Kelchblättern umgeben, die sich im Juni zu ungefüllten, kräftig süß duftenden Blüten (Durchmesser 9 cm) öffnen. Farblich fallen sie durch reines Scharlachrot auf, in der Textur durch seidig samtene Kronblätter, die an den Rändern leicht gekräuselt und gewellt sind. Sie zeigen eine dunkelrote Aderung und leuchtend goldgelbe Staubgefäße im Blüteninnern. Die großen Blätter sind rund-oval, gezähnt und enden in einer Spitze. Das rot gefärbte Holz ist bestachelt und sehr starkwüchsig. 'Scharlachglut' bildet einen sehr großen, offenen Busch mit ausladend bogigen Trieben.

Ich erinnere mich, daß ich diese Rose erstmals in dem großartigen Garten in Kiftsgate Court gesehen habe. Es war an einem Spätnachmittag, und die bereits tiefstehende Sonne ließ die Blüten im Halbschatten aufleuchten. In einem naturnahen Rahmen wird man ihre leuchtende Farbe nicht übersehen. In einer großartigen Schmuckrabatte, in der spektakuläre Rottöne dominieren, eignet sich 'Scharlachglut' hervorragend als Kernstück. Sie blüht zwar nur einmal, dafür aber ausdauernd. Im Spätsommer wird das Schauspiel durch das kräftige Laub und die dekorativen, roten Hagebutten fortgesetzt. Zweifellos erfreut uns die Rose in den wenigen Wochen ihrer Blüte mehr als viele andere Zeit ihres Lebens.

Rosa 'Schneezwerg'

Ursprung: Deutschland (Lambert) 1912
Höhe: 1,5 m
Härtezone: 4
Bezugsquellen: 5, 7, 8, 9, 11, 18, 19, 23, 29, 30, 37, 39

Aus der Kreuzung von *Rosa rugosa* und einer unbekannten Rose entstand eine der wertvollsten mittelgroßen Strauchrosen. Die ersten Blüten öffnen sich im Juni, wenn sich die spitz zulaufenden, cremerosa Knospen zu halbgefüllten, weißen Rosetten (Durchmesser 6 cm) entfalten. Die Kronblätter mit den leicht gekräuselten Rändern enthüllen ein auffallendes Büschel aus Staubgefäßen in der Mitte, und das schöne, glänzende Laub, das aus farnartig gefiederten Blättern besteht, bildet einen prächtigen Hintergrund für die lediglich schwach duftenden Blüten. Die kugeligen Hagebutten, die wie pralle, kleine Äpfel aussehen und so typisch für Rugosa-Rosen sind, erscheinen gleichzeitig mit den Blüten. Später im Jahr reifen sie zu sehr dekorativen, orangeroten Früchten heran.

'Schneezwerg' bildet einen ebenmäßigen, kräftigen Busch. Sie gedeiht gut im Halbschatten und hat in einer kühlen, blassen Farbkombination aus Weiß-, Creme- und Gelbtönen stark prägenden Charakter. Gute Partner sind *Lychnis coronaria* 'Alba' mit weißen Blüten und silbrigem Laub und die gelbe, ausdauernd blühende *Anthemis tinctoria* 'E. C. Buxton'. 'Schneezwerg' läßt sich aber auch als Strukturelement einsetzen und durch entsprechenden Schnitt sogar als Hecke ziehen. Sehr gut kommt ein Rosenpaar an beiden Seiten eines Tors zur Geltung – besonders im Halbschatten schimmern Laub und Blüten sehr schön.

Rosa 'Soupert et Notting'

Ursprung: Frankreich
(Pernet) 1874
Höhe: 90 cm
Härtezone: 5
Bezugsquellen: 5, 8, 36

Die kompakteren Moosrosen werden im kleineren Garten besonders geschätzt, weil sie in gedrängter, aber ausgewogener Form die ganze Schönheit der größeren Strauchrosen bieten. Ein gutes Beispiel dafür ist die Rose mit dem eigenartigen Namen 'Soupert et Notting'. Die herrlichen Knospen sind von bemoosten Kelchblättern umschlossen. Wenn sie sich teilen, kommt das leuchtende Rot der anschwellenden Blütenköpfe zum Vorschein. Die großartigen Blüten erscheinen im Juni in reicher Fülle. Zunächst anmutig schalenförmig weiten sie sich später zu gefüllten, intensiv rosaroten Blüten (Durchmesser 6 cm) mit köstlich vollem Duft. Im Spätsommer folgt eine Nachblüte. Die Blüten sind leicht unregelmäßig geformt und verdanken ihre lebhafte Struktur den in alle Richtungen wirbelnden, dicht stehenden Kronblättern. Das Laub fällt durch schöne, hellgrüne Färbung auf, und die Triebe sind mit zahllosen feinen, roten Stacheln besetzt.

'Soupert et Notting' eignet sich gut für die Rabatte, läßt sich aber auch hervorragend als Topfpflanze ziehen, reichliches Düngen und Wässern vorausgesetzt. Die Rose bildet einen gefälligen, dicht belaubten Busch, der sich im Winter zurückschneiden läßt, damit sein geschlossener Wuchs erhalten bleibt. Beeindruckt hat mich die Rose in einem kleinen, mit Buchs eingefaßten Beet in einem Garten in der Stadt.

Rosa 'Stanwell Perpetual'

Ursprung: England (Lee und Kennedy) 1838
Höhe: 1,5 m
Härtezone: 4
Bezugsquellen: 1, 4, 5, 7, 8, 9, 18, 19, 20, 29, 31, 32, 36, 39, 46, 48

Diese schöne Rose entstand aus einem Zufallssämling der in Nordeuropa heimischen *Rosa pimpinellifolia*, die auch als Schottische oder Burnet-Rose bekannt ist. Von der elterlichen Wildrose stammt auch ihre bemerkenswerte Robustheit. Die Blüten unterscheiden sich indes deutlich von denen in der freien Natur. Sie öffnen sich aus kompakten, kleinen Knospen zu hübschen, gefüllten Rosetten (Durchmesser 4 cm), die zunächst hell muschelrosa getönt sind, später aber fast weiß werden. Sie duften süß und würzig. Anfangs schalenförmig weiten sie sich im Laufe der Zeit zu flachen Tellern mit zurückgebogenen Kronblättern. Nach dem ersten Flor im Juni blüht die Rose bis in den Herbst immer wieder. Charakteristisch für die Schottische Rose sind die zierlichen, graugrünen Blättchen und die zahlreichen bestachelten Triebe. Auch wenn sich einige Blätter rötlichbraun färben, besteht kein Grund zur Besorgnis. Das Holz ist blaß pistaziengrün.

Die öfterblühende 'Stanwell Perpetual' ist mit ihrer eleganten Erscheinung und den anmutigen, jungen Trieben ein ausgezeichneter Vertreter der kleineren Strauchrosen. Besonders gut kommt sie in einer Gemischten Rabatte bescheideneren Ausmaßes zur Geltung. Obgleich sie farblich ohne weiteres mit zahlreichen anderen Pflanzen harmoniert, eignen sich nur solche als Partner, die ihr an Anmut und Eleganz gleichkommen. Ich habe das herrliche Bild vor Augen, das sie im Spätsommer in Verbindung mit weißen Japananemonen, *Anemone × hybrida* 'Honorine Jobert' bietet.

Rosa stellata var. *mirifica*

Ursprung: Südwesten der Vereinigter Staaten
Höhe: 1,5 m
Härtezone: 6
Bezugsquellen: 5, 7, 18, 46

Wildrosen sind, von ihrer natürlichen Schönheit abgesehen, häufig sehr zähe, krankheitsresistente Gartenpflanzen. Ein gutes Beispiel dafür ist dieser herrliche Strauch, der als „Sacramento-Rose" bekannt ist. Seine spitz zulaufenden Knospen öffnen sich im Juni zu bezaubernden, ungefüllten Blüten (Durchmesser 5 cm) in leuchtendem Tiefrosa. Sie duften nur schwach. Die gewellten Kronblätter fühlen sich wie Seide an. Leicht übereinander stehend wirken sie mit dem feinen Netz dunkler gefärbter Adern sehr anmutig. Die Mitte der Blüten schmückt ein markant hervortretendes Büschel aus Staubgefäßen. Das malerische, graugrüne Laub mit den kleinen, gezähnten Blättchen gleicht dem von Stachelbeeren, und die stark bewehrten Triebe fallen durch zahllose, sehr lange, blasse Stacheln auf. Im Spätsommer bringt der Strauch eine Fülle kleiner, roter Hagebutten hervor.

Rosa stellata var. *mirifica* bildet den für Wildrosen typischen dichten, geschlossenen Busch. Mit ihren schlichten, aber eindrucksvollen Blüten, der hübschen Färbung und der starken Ausstrahlung stellt diese Rose in der Rabatte ein lebhaftes Element dar. Obwohl sie nur einmal blüht, kann man sich an ihrem schönen Laub lange freuen. Rot- und Purpurtönen verleiht sie eine unverkennbar heitere Note. Nicht vergessen werde ich sie in Verbindung mit dem pflaumenblauen Laub von *Berberis thunbergii* 'Atropurpurea' - Blüte und Blattwerk bilden einen sehr feinen Kontrast. Um sich richtig schön zu entfalten, benötigt sie einen sonnigen Standort.

Rosa 'Surpasse Tout'

Ursprung: Frankreich vor 1832
Höhe: 1,2 m
Härtezone: 4
Bezugsquellen: 5, 18, 32, 46

Diese üppige Gallica-Rose hat Blüten in heiterem Kirschrot, einer für die Gruppe ungewöhnlichen Farbe. Die hübschen, prallen Knospen sind von fiederspaltigen, spitz zulaufenden Kelchblättern umgeben, die beim Teilen ein intensives Rot enthüllen. Im Juni erscheinen die gefüllten, sehr großen Blüten (Durchmesser 11 cm), die lebhaft purpurrosa gefärbt sind. Die teils silbrigrosa gesprenkelten Kronblätter in der Mitte drehen und wenden sich, während die äußeren in losen, konzentrischen Kreisen gereiht sind. Die Blüten duften schwach, aber süß und stehen in großzügigen Büscheln an den hohen, mit dichten, haarfeinen Stacheln bedeckten Trieben. Das hellgrüne Laub besteht aus gebogenen, gezähnten Blättern.

'Surpasse Tout' übertrumpft mit ihrem auffallenden, aber eleganten Blütenflor und dem hübschen Laub alles, was in unmittelbarer Nähe blaß und ausdruckslos wirkt. Man gliedert sie deshalb am besten in eine aufregend lebhafte Bepflanzung ein – besonders wirkungsvoll ist sie in einer farbenprächtigen Rosa-, Rot- und Purpurkombination in der Gemischten Rabatte. Zusammen mit dem wesentlich dunkleren Kastanienrot der hoch aufragenden Blüten von *Knautia macedonica* kommt die

Rose ebenso gut zur Geltung wie vor den Wolken des bronzeviolett belaubten Fenchels, *Foeniculum vulgare* 'Purpureum'. Auch silbernes Blattwerk harmoniert großartig mit ihrer leuchtenden Farbe. 'Surpasse Tout' neigt wie alle Gallica-Rosen zu etwas staksigem Wuchs. Durch einen Rückschnitt der schwachen Triebe nach der Blüte läßt sich aber ein kräftigerer Austrieb von der Basis her fördern.

Rosa 'The Countryman'

Ursprung: England (Austin) 1987
Höhe: 90 cm
Härtezone: 5
Bezugsquellen: 5, 29

Die erst vor einigen Jahren eingeführte Sorte ist durch Kreuzung einer alten Portland-Rose und einer neuen Gartenzüchtung entstanden. Aus den hübschen, in Büscheln stehenden Knospen öffnen sich im Juni die muschelrosa Blüten (Durchmesser 9 cm), die zunächst wie kugelige Schalen geformt sind. Die wirbelnden Kronblätter lassen die voll erblühten, gefüllten Rosetten lebhaft strukturiert erscheinen. Ihre silbrigrosa getönten Spitzen stehen in Kontrast zu dem dunkleren Rosa an der Basis, so daß sie entfernt an Dahlien erinnern. Die Blüten erscheinen in großer Fülle und duften einzigartig. Bevor später eine Nachblüte folgt, erscheinen immer wieder vereinzelte Blüten. Das hellgrüne Laub besteht aus leicht gezähnten Fiederblättern.

Gegenüberliegende Seite:
Rosa 'The Countryman'

Im Wuchs wirkt 'The Countryman' angesichts der großen und üppigen Blüten etwas gedrungen, aber sie eignet sich hervorragend für eine Gemischte Rabatte. Das kräftige Rosarot harmoniert sehr schön mit dem leuchtenden Blau von ausdauerndem Flachs, *Linum perenne*, oder silberblau blühendem *Geranium* 'Johnson's Blue', dessen lange Triebe zwischen dem Strauch hindurchranken. Empfehlenswert ist auch eine Kombination mit *Caryopteris × clandonensis*. Die Rose eignet sich aber auch als Topfpflanze, umgeben von einer Rüsche aus *Helichrysum petiolare*.

Rosa 'Tricolore de Flandre'

Ursprung: Belgien (Van Houtte) 1846
Höhe: 90 cm
Härtezone: 4
Bezugsquellen: 5, 18, 32, 45, 46

Diese zierliche Gallica-Rose wird im kleineren Garten besonders geschätzt. Die prallen, scharlachroten und weißen Knospen an den Spitzen der aufrechten Triebe öffnen sich im Juni zu gefüllten Blüten (Durchmesser 6 cm). Sie sind anfangs kompakt schalenförmig, weiten sich dann aber und zeigen rosa-purpurne Streifen; später dominiert dann der Purpurton. Die Blüten duften köstlich würzig und halten sich beachtlich lange. Das wechselnde Farbenspiel und Aussehen während der verschiedenen Stadien trägt entscheidend zu ihrem Reiz bei. Das schöne, hellgrüne Laub besteht aus tief geaderten Fiederblättern.

Diese starkwüchsige, kompakte Rose bildet einen ebenso breiten wie hohen Busch, der in einem kleinen Beet mit entsprechend großen Pflanzen kombiniert, besonders dekorativ wirkt. Da ihre Blüten so zierlich sind, sollte man die Begleitpflanzen sorgfältig auswählen, da-

mit sie ihren zarten Charme nicht erdrücken. Weil die Rose nur einmal blüht, empfiehlt sich eine Kombination mit ausdauernden oder öfterblühenden Stauden wie *Diascia*, *Penstemon*, Nelken oder den kriechenden Trieben von *Viola* (z. B. *V. cornuta*). Unterpflanzt mit blaßrosa *Geranium endressii* 'Wargrave's Pink' hat sie mir sehr gut gefallen.

Rosa 'Tuscany Superb'

Ursprung: Garten, vor 1848
Höhe: 1,2 m
Härtezone: 4
Bezugsquellen: 5, 7, 8, 9, 18, 19, 29, 30, 32, 36, 37, 39

Diese bisweilen auch als 'Old Velvet Rose' bezeichnete Gallica-Rose ist einzigartig im Charakter. Auch wenn man über ihre Herkunft nichts Genaues weiß, wird sie wohl wesentlich älter sein als das offizielle Erscheinungsjahr bezeugt. Die außergewöhnlich spitz zulaufenden Knospen mit den langen, gedrehten Kelchblättern öffnen sich im Juni zu flachen, halbgefüllten Blüten (Durchmesser 9 cm). Sie leuchten wie kastanienbrauner Samt und haben ausgeprägte, goldgelbe Staubgefäße. Die zerknitterten Kronblätter wölben sich und stehen leicht übereinander; farblich variieren sie von rötlichem Kastanienbraun bis zu fast schwarzem Purpur – ein Anblick verschwenderischer Fülle! Der Duft der Blüten ist nicht besonders intensiv würzig, aber kräftig. 'Tuscany Superb' hat ausnehmend hübsches, blaßgrünes Laub, das aus vielfach eingeschnittenen, gebogenen und gefältelten Fiederblättern besteht. Die Triebe sind dicht mit sehr feinen, haarartigen Stacheln besetzt. Die Rose 'Tuscany' gleicht ihr in vielem, hat aber deutlich kleinere Blüten mit weniger Kronblättern.

'Tuscany Superb' bildet einen wuchsfreudigen, aufrechten Busch, dessen Blüten sich schön von dem frischgrünen Laub abheben – alles in allem eine sehr schmuckvolle Pflanze. Vielbewundert wird sie als Teil einer in Rot- und Purpurtönen leuchtenden Schmuckrabatte. Vor größeren Sträuchern mit violettrotem Laub wie *Cotinus coggygria* 'Royal Purple' oder der purpurlaubigen Lambertsnuß, *Corylus maxima* 'Purpurea', kommt sie ebenfalls sehr schön zur Geltung.

Rosa 'Variegata di Bologna'

Ursprung: Italien (Bonfiglioli) 1903
Höhe: 1,5 m
Härtezone: 5
Bezugsquellen: 5, 7, 8, 9, 11, 18, 19, 24, 29, 32, 33, 36, 37, 41, 46

'Variegata die Bologna', überraschenderweise eine Bourbon-Rose neueren Datums, wirkt mit den karmesinrot gesprenkelten und gestreiften Blüten ausgesprochen heiter im Charakter. Die hübschen, prallen Knospen haben rote Streifen auf weißem Grund und werden von spitz zulaufenden Kelchblättern umrahmt. Im Juni öffnen sich die schalenförmigen, stark gefüllten Blüten (Durchmesser 8 cm); das blasse Rosa ist von einem wilden Längsmuster in dunklerem Karmesinrot überzogen, wie man es von wertvollem, altem Emailleschmuck kennt. Die anfangs festen und kompakten Blütenschalen bestehen aus wirbelnden Kronblättern in der

Mitte und einem deutlich umrissenen äußeren Ring. Sie duften schwach und heben sich schön von dem graugrünen Laub ab. Gelegentlich erscheinen im Laufe des Gartenjahrs noch vereinzelt Blüten.

Diese prachtvolle Rose stellt in einer Gemischten Rabatte ein ausgeprägt vertikales Schmuckelement dar. Locker im Wuchs benötigt sie gewöhnlich eine Stütze – über einer Kletterpyramide wirkt sie geradezu beeindruckend. Sie ist anfällig für Mehltau. Da die Blüten sehr dominant sind, kombiniert man sie am besten mit zurückhaltenden, schlichten Pflanzen. Rosa-, Grau-, Violett- und Blautöne, gelegentlich unterbrochen von leuchtendem Purpurrot, bilden eine harmonische Ergänzung. Große Horste von Katzenminze, Nepeta 'Six Hills Giant' unterstreichen das Bild wirkungsvoll.

Bild: *Rosa* 'Wolley-Dod'

Rosa villosa

Ursprung: Nordeuropa
Höhe: 1,5 m
Härtezone: 5
Bezugsquellen: 5, 18, 22, 24, 32, 37, 46, 48

Die Apfelrose ist in Nordeuropa heimisch. Sie bildet einen ausläufertreibenden Busch mit sehr schönem, graugrünem Laub und ungefüllten, rosa Blüten, denen leuchtend scharlachrote, längliche Hagebutten folgen. Die auffallend rund-ovalen Fiederblätter verströmen einen süßen Apfelduft. In meinem Obstgarten bildet diese Rose ein Element wilder Schönheit. Dennoch eignet sich für den Garten die dekorativere, gefülltblühende Form, *Rosa villosa* 'Duplex' oder *Rosa villosa* 'Wolley-Dod', weitaus besser. Die behaarten, von fein gegliederten Kelchblättern umgebenen Knospen öffnen sich im Juni zu leuchtend rosaroten, halbgefüllten Blüten (Durchmesser 8 cm) mit eingerollten Kronblättern und auffallenden Staubgefäßen. Später im Gartenjahr er-

scheinen weitere Blüten; das läßt vermuten, daß es sich
eher um eine Hybride als um eine echte Art handelt.

Der hübsche Kontrast zwischen Blüten und Laub
machen 'Wolley-Dod' zu einer besonders schmuckvollen Pflanze. Die Art paßt am besten in einen zwanglosen
Rahmen. 'Wolley-Dod' läßt sich hingegen vielseitiger
verwenden. Sehr gut gefallen hat mir die Rose umgeben
von Lavendelbüschen. Aber auch in der Rabatte ist sie
sehr wirkungsvoll: die dekorativen Blüten, das herrliche
Laub und insbesondere die schönen Hagebutten prägen
nachhaltig das Bild der Bepflanzung.

Rosa 'White Pet'

Ursprung: USA
(Henderson) 1879
Höhe: 60 cm
Härtezone: 5
Bezugsquellen: 7, 7, 8, 9,
18, 19, 23, 29, 30, 32, 36,
37, 39, 46

Die ehemals unter dem Namen 'Little White Pet' bekannte Rose entstand aus einem Sport der Kletterrose
'Félicité et Perpétue'. Obgleich die Versuchung groß ist,
sie lediglich als anpassungsfähige Hintergrunddekora-
tion zu betrachten, darf man ihr eine gewisse Eigenständigkeit nicht absprechen. Von Juni an entfaltet sich
aus den dekorativen, rosaroten Knospen ein Meer zierlicher, weißer Rosetten (Durchmesser 4 cm). Die Blüten
durchlaufen vier verschiedene Stadien, ausgehend von
festen, rosa Knospen über halbgeöffnete, schalenförmige Blüten mit roten und rosagetönten äußeren Kronblättern zu kompakten Rosetten, die sich schließlich zu
lockeren, gefüllten Blüten in fast reinem Weiß entwik-
keln. Das kräftige Laub ist dunkelgrün und besteht aus
gezähnten, spitz zulaufenden Fiederblättchen. Diese
Rose ist robust und gedeiht an fast jedem Standort.

Nur wenige Rosen blühen so ausdauernd wie 'White
Pet'. In sehr kleinen Gärten wirkt diese Rose in einer

bescheidenen Gemischten Rabatte sehr dekorativ. Durch die Kombination mit anderen zierlichen Pflanzen wie *Diascia*, Nelken, kleineren *Geranium*-Arten und *Viola* entsteht optisch der Eindruck von einem größeren Beet. Auch als Topfpflanze eignet sich diese Rose gut. Links und rechts von einem kleinen Weg oder einem Tor stellt sie einen bewundernswerten Schmuck dar.

Rosa 'William Lobb'

Ursprung: Frankreich (Laffay) 1855
Höhe: 2 m
Härtezone: 5
Bezugsquellen: 5, 7, 8, 9, 18, 19, 23, 29, 30, 31, 32, 36, 37, 39, 46

Diese Moosrose, die ursprünglich als 'Old Velvet Moss' und 'Duchesse d'Istrie' bekannt war, bildet einen stattlichen Strauch mit auffallend schönen, dunkelpurpurnen Blüten. Die Triebe sind stark bemoost, ebenso wie die Knospen, die von spitz zulaufenden Kelchblättern umgeben sind. Im Juni erscheinen die gefüllten Rosetten (Durchmesser 8 cm); ihre herrlich intensive, karmesinpurpurne Farbe und die Textur erinnern an kostbaren, alten Samt. Die Blüten sind anfangs leicht schalenförmig und wirken mit den gedrehten und gebogenen Kronblättern lebhaft strukturiert. Mit der Zeit verblaßt die Farbe zu dunklem, schmutzigem Lila. Die Blüten duften intensiv süß und ragen in großen Büscheln über dem hübschen Laub auf. Die markant gezähnten und rundlichen Blätter haben eine ledrige Oberfläche.

Diese Vorzüge und der kräftige, aufrechte Wuchs verleihen dieser Rose aristokratische Ausstrahlung. Im Hintergrund einer Gemischten Rabatte stellt sie ein prägendes Element dar, vorausgesetzt die Nachbarpflanzen wurden sorgfältig ausgewählt. Sie neigt zu staksigem Wuchs, eine Schwäche, die sich durch niedrige Gewächse im Vordergrund kaschieren läßt. Sehr gut gefällt sie mir in einer Rabatte mit vorwiegend Purpur- und Rottönen, kombiniert mit Lavendel und *Berberis* 'Atropurpurea Nana' im vorderen Bereich und umgeben von Wolken fiederlaubigen, purpurvioletten Fenchels, *Foeniculum vulgare* 'Purpureum'.

Rosa 'Winchester Cathedral'

Ursprung: England (Austin) 1988
Höhe: 1,2 m
Härtezone: 5
Bezugsquellen: 10, 24, 25, 29

Diese erst vor einigen Jahren eingeführte Strauchrose hat bedeutende Vorzüge. Die hellrosa Knospen öffnen sich im Juni zu gefüllten, weißen Blüten (Durchmesser 10 cm) mit köstlich süßem Duft. Anfangs fällt die fest eingerollte Form der Blüten auf, die sich aber mit der Zeit zunehmend auflöst. Die gedrehten und gebogenen Kronblätter mit den gewellten Rändern verleihen ihnen einen lebhaft lässigen Charakter. In der Mitte sind die Blüten cremefarben überlaufen und zeigen hin und wieder kleine, rosa Sprenkel auf den Kronblättern. Sie stehen in Büscheln an den Spitzen der hoch aufragenden Triebe. Nach dem Hauptflor im Juni blüht die Rose unermüdlich die ganze Saison über. Das dunkelgrüne Laub besteht aus gezähnten Blättern.

'Winchester Cathedral' bildet einen schönen, geschlossenen Strauch mit üppigen Blüten. Aufgrund ihres zarten Grünstichs, passen sie besonders gut zu Rahmweiß- und Rosatönen sowie zu Pflanzen, welche die beiden Farben verbinden wie etwa *Diascia rigescens*. Ein schönes Bild bieten sie auch mit zarteren Cremegelbtönen: *Sisyrinchium striatum* wird kaum niedriger im Wuchs und harmoniert sehr gut mit den Rosenblüten. 'Winchester Cathedral' ist eine der schönsten weißen Rosen für den kleineren Garten. Auch als Topfpflanze bildet die Rose den ganzen Sommer über einen dekorativen Blickfang.

Rosa xanthina hugonis

Ursprung: China
Höhe: 2,5 m
Härtezone: 5

Bezugsquellen: 2, 4, 5, 7, 8, 9, 11, 15, 18, 19, 22, 23, 24, 25, 28, 29, 32, 34, 35, 37, 45, 46, 51

Diese großartige Wildrose, die früher als *Rosa hugonis* bekannt war, bringt zu Beginn des Gartenjahrs prächtige Blüten hervor und bildet einen aufregend schönen Strauch. Die Knospen sind auffallend lang und spitz und zeigen eine ausgeprägt kugelförmige Basis, die später zur Hagebutte heranreift. Die halbgeöffnete Blüte stellt, aufgerichtet wie eine Kerze, ihr schönes leuchtendes Primelgelb zur Schau. Die Ende Mai voll entfalteten Blüten (Durchmesser 6 cm) sind ungefüllt und leicht schalenförmig. Die zahllosen Staubgefäße zeigen das gleiche Gelb wie die Kronblätter und duften schwach süß. Die Kronblätter mit den leicht gerüschten Rändern überlappen einander anmutig und färben sich zur Mitte hin dunklergelb. Das schöne, graugrüne Laub mit den sehr fein gezähnten Fiederblättchen ist entlang der Mitte gefältelt. Im Herbst nimmt das Blattwerk eine edle gelblichbraune Färbung an. Die in großer Zahl erscheinenden Hagebutten sind kastanienrot, die rotbraunen Triebe stark bewehrt.

Eine ausgewachsene *Rosa xanthina hugonis* bietet gegen Frühlingsende mit ihrem hübschen Kontrast von Blüten und Laub einen einzigartigen Anblick. Im naturnahen Bereich des Gartens, unter Bäumen und Sträuchern kommt sie am besten zur Geltung. Denkbar gut wirkt diese Rose als Mittelpunkt eines leuchtendgelben Frühlingsbeets, kombiniert mit anderen Blütensträuchern wie *Corylopsis pauciflora*, Zwiebelblumen wie Narzissen oder Kaiserkronen, *Fritillaria imperialis* 'Maxima Lutea', und vielleicht einer Unterpflanzung mit *Euphorbia polychroma*, die verzweigte Horste mit schwefelgelben Hochblättern bildet.

Rosa 'Zigeunerknabe'

Ursprung: Deutschland
(Lambert) 1909
Höhe: 1,8 m
Härtezone: 5
Bezugsquellen: 5, 8, 9, 18,
19, 29, 32, 35, 3, 39, 46

Diese in England auch als 'Gipsy Boy' bekannte Züchtung ist eine neuere Strauchrose, die bisweilen als Bourbon-Rose klassifiziert wird. Die prallen, kugelförmigen Knospen sind von spitz zulaufenden Kelchblättern umgeben, die beim Teilen ein leuchtendes Rot zeigen. Im Juni öffnen sich die gefüllten, dunkel karmesinpurpurnen Blüten (Durchmesser 6 cm) mit den auffallend goldgelben Staubgefäßen und einem exotischen süßen Duft. Die zarte, silbrigpurpurne Marmorierung verleiht den Kronblättern einen schimmernden Effekt. Vor dem Verblühen verblaßt das Karmesinrot zu hellerem Purpurrot. Die Blüten stehen in Büscheln an den Spitzen der schlanken, aufrechten Triebe. Im Spätsommer bringt der Strauch orangerote Hagebutten hervor.

'Zigeunerknabe' ist eine sehr widerstandsfähige Rose, die auch mageren Boden verträgt. Mit ihrer ausdrucksvollen Erscheinung eignet sie sich als Mittelpunkt einer großzügigen Gemischten Rabatte in Rot- und Purpurtönen. Locker im Wuchs kommt ihr eine Stütze sehr zugute – an einer dekorativen Kletterpyramide kann sie ihre ganze Pracht entfalten. Die karmesinroten Blüten harmonieren schön mit großen, purpurlaubigen Sträuchern wie *Cotinus* oder *Berberis*.

KLETTERROSEN

In diesem Kapitel führe ich Rosen auf, die ungeachtet ihrer natürlichen Neigung am besten an einer Mauer, einem Zaun, einer Pergola oder einer anderen Stütze gezogen werden. Manche der im vorhergehenden Kapitel aufgeführten Rosen mit langen, biegsamen Trieben lassen sich in kleinen Gärten auch als Kletterrosen verwenden. Einige Kletterrosen können bis zu 10 cm hoch werden.

Für viele Gartenliebhaber gehört der Anblick einer in Blüte stehenden Kletterrose, die eine Laube mit verschwenderisch üppigem Flor umhüllt oder kaskadenartig aus dem Geäst eines Baumes fällt, zu den größten Freuden überhaupt. Sie zeichnen sich aber nicht nur durch ihre unbestrittene Schönheit aus, Kletterrosen haben auch einen praktischen Vorzug. Sie beanspruchen nämlich nur sehr wenig Bodenfläche und breiten sich überwiegend an Stellen aus, die sich ohnehin nicht anderweitig nutzen ließen. Dadurch erweitert sich der Gestaltungsspielraum in kleineren Gärten ganz beträchtlich.

Wo mehr Platz zur Verfügung steht, stellen Kletterrosen einen aufregend schönen Hintergrund für üppig bepflanzte Rabatten dar. Aber auch an Pfosten oder Kletterpyramiden bilden Kletterrosen innerhalb eines Beets ein prägendes vertikales Element. Eine ausgezeichnete Stütze für Kletterrosen bieten aber auch andere Pflanzen, Bäume oder größere Sträucher, zumal diese oft gerade dann Aufsehen erregen, wenn die Rose nicht blüht.

Die Auswahl an Kletterrosen ist riesig. Das Spektrum reicht von der überwältigend großen *Rosa filipes* 'Kiftsgate' bis zur kleinen 'Goldfinch', die wohl in jedem Garten Platz findet. In Charakter und Blütenfarbe bieten sich unzählige Varianten, angefangen von den großen, weißen Blüten der *Rosa laevigata* 'Cooperi' bis zu den winzigen, cremerosa Rosetten der 'Adélaïde d'Orléans'.

Für schlichtweg jeden Garten, vom streng formalen bis zum naturnahen Bereich läßt sich eine Kletterrose finden, welche die spezifische Wirkung des Gesamtbilds

entsprechend unterstreicht. So scheint eine im Hochsommer in voller Blüte stehende Kletterrose der Inbe-
griff dekorativer Gartengestaltung zu sein. Eine rund
um die Fenster rankende Kletterrose erfüllt das Zimmer
den ganzen Sommer über mit zartem Rosenduft. Viele
Kletterrosen zeigen allerdings einen so unbändigen
Wuchs, daß man sie nur durch regelmäßigen Schnitt im
Zaum halten kann.

Rosa 'Adélaïde d'Orléans'

Der kräftige Wuchs dieser alten Kletterrose und die
Anmut ihrer Blüten bilden einen herrlichen Kontrast.
Die Knospen hängen in üppigen Büscheln und enthüllen, sobald sich die Kelchblätter teilen, die rosa Färbung. Im Juni öffnen sich die halbgefüllten Blüten
(Durchmesser 5 cm), die da und dort rosa überlaufen an
alte, verblichene Spitze erinnern. Sie duften schwach
süß. Die feinen, seidigen Kronblätter sind etwas verknittert und eigenwillig geformt. Wie eine kleine Halskrause
umgeben sie die Staubgefäße in der Mitte. Das außergewöhnlich dunkelgrüne Laub besteht aus eleganten, kleinen Blättern, die in der Regel immergrün sind.

Zu Beginn der Blütezeit bietet 'Adélaïde d'Orléans'
mit den beeindruckend wohlgeformten, cremerosa
Knospen, die gleichzeitig mit den zerknitterten, aber
prächtigen Blüten erscheinen, den Reiz verschwenderischer Fülle. Obgleich die Rose nur einmal blüht, ist ihr

Ursprung: Frankreich
(Jacques) 1826
Höhe: 4,5 m
Härtezone: 5
Bezugsquellen: 5, 7, 9, 18,
19, 36

Flor geradezu bezaubernd; so nimmt man auch in Kauf, daß die Pflanze für den Rest des Jahres eher langweilig wirkt. 'Adélaïde d'Orléans' gehört zu den bewährtesten Kletterrosen für eine Laube oder Pergola, von der ihre schlanken, rutenartigen Triebe kaskadenartig herabfallen. Wenn die Rose verblüht ist, könnten späterblühende Pflanzen wie *Clematis* und Wein das dekorative Schauspiel fortsetzen.

Rosa 'Aimée Vibert'

Ursprung: Frankreich
(Vibert) 1828
Höhe: 3,6 m
Härtezone: 5
Bezugsquellen: 4, 5, 7, 8, 9, 18, 19, 32, 36, 41, 46

Diese Kletterrose, die auch unter dem bezaubernden Namen 'Bouquet de la Mariée' bekannt ist, gehört zu den ältesten Kletterrosenzüchtungen. Ihre Knospen sind sehr dekorativ – Büschel kleiner, leuchtend rosaroter Kugeln, bevor sie sich entfalten, und auch die halbgeöffnete Blüte ist noch rosa überlaufen. Die schwach gefüllten Blüten (Durchmesser 5 cm), die sich erst Ende Juni entfalten, sind weiß mit einem Hauch Cremerosa und verströmen einen schwach süßen Duft. Ihre schön geformten, aufgerichteten Kronblätter bilden üppig volle Rosetten. Außergewöhnlich bezaubernd ist das Laub, das aus ansehnlich rund-ovalen, spitzen Fiederblättern mit schillernder Oberfläche besteht.

'Aimée Vibert' gehört zu den wertvollsten aller Kletterrosen. Die üppigen Blütenbüschel, zwischen denen – noch geschlossen oder bereits leicht geöffnet – die rosa Knospen stehen, bieten ein überaus reizvolles Bild. Außerdem blüht 'Aimée Vibert' im Gegensatz zu anderen Kletterrosen immer wieder bis weit in den Herbst. Die Rose eignet sich besonders für den kleineren Garten, in dem sie an einer Laube oder als dominierender Blickfang an einer Pergola das ganze Gartenjahr über dekorativ wirkt.

Rosa 'Albéric Barbier'

Ursprung: Frankreich
(Barbier) 1900
Höhe: 4,5 m
Härtezone: 5
Bezugsquellen: 5, 7, 8, 9, 17, 17, 18, 19, 20, 23, 25, 28, 29, 30, 31, 32, 36, 37, 39, 46

Dies ist in jeder Hinsicht eine der schönsten Kletterrosen. Ihr ungewöhnlich volles und kräftiges, sattgrünes Laub zeigt eine glänzende Oberfläche und zeichnet sich dadurch aus, daß es praktisch immergrün ist. Die schön geformten, blaß zitronengelben Knospen öffnen sich im Juni zu weißen Blüten (Durchmesser 8 cm) mit hellgelber Mitte. Sie sind stark gefüllt und sehen seltsam verknittert aus. Nach dem ersten üppigen Flor erscheinen die ganze Saison über vereinzelt Blüten. Sie verströmen

Gegenüberliegende Seite:
Rosa 'Albéric Barbier'

einen köstlich süßen Duft. Die Triebe fallen durch rötliche Färbung und kräftige, rote Stacheln ins Auge. Da die Rose am vorjährigen Holz blüht, sollten jegliche Schnittmaßnahmen im Anschluß an die Blüte erfolgen.

'Albéric Barbier' bietet auf dem Höhepunkt ihrer Entwicklung mit dieser Mischung aus gelben, sich öffnenden Knospen, rahmweißen Blüten und schillerndem Laub ein überwältigend dekoratives Bild. Jede Ecke im Garten wird diese Rose beleben, besonders gut kommt sie allerdings im Halbschatten zur Geltung. Sie ist wie geschaffen für eine schön gestaltete Laube, an der ihr hübsches Blattwerk und zwischendurch erscheinende, vereinzelte Blüten das ganze Gartenjahr über erfreulich schmuckvoll wirken. Auch im Hintergrund einer Rabatte, an einer Mauer oder einem Zaun bildet ihr Laub eine prächtige Kulisse für andere Pflanzen.

Rosa 'Albertine'

Ursprung: Frankreich
(Barbier) 1912
Höhe: 4,5 m
Härtezone: 5
Bezugsquellen: 5, 7, 8, 9,
12, 13, 17, 19, 23, 29, 30,
32, 36, 37, 39, 40, 41, 47

'Albertine' ist eine der beliebtesten Kletterrosen – allein schon, weil ihr Duft so süß und köstlich voll ist. An warmen Hochsommerabenden erfüllt er den ganzen Garten. 'Albertine' hat in der Jugend auffallend schillerndes, rot überlaufenes Laub. Die Blütenknospen sind anfangs rot, nehmen aber ein klares, leuchtendes Aprikosenrosa an, sobald sie sich zu eingerollten, halbgeöffneten Blütenköpfen entfalten. Die rosa Blüten (Durchmesser 9 cm), die im Juni voll aufblühen, sind gefüllt. Einige der äußeren Kronblätter sind an den Spitzen zurückgebogen, während die in der Mitte zu einem

Wirbel gruppiert sind. Mit der Zeit nehmen die Blüten eine lockere und bauschige Form an, ähnlich einem leicht verdrückten Seidentaschentuch, und verblassen beinahe zu weiß. Die Triebe sind rot überlaufen.

Allein ihrem zauberhaften Duft verdankt 'Albertine' einen Platz im Garten – für feinere Effekte eignet sich die große, starkwüchsige Rose nämlich nicht. Sie bildet kräftig bestachelte, untersetzte Zweige. Obgleich die unteren recht derb und wenig ansehnlich wirken, läßt sich diese Schwäche, sofern man die Rose an einer Mauer oder einem Zaun im Hintergrund einer Rabatte ausrichtet, durch andere Pflanzen verbergen. An einer Pergola oder über einer Laube soll 'Albertine' weniger anfällig für Mehltau sein. Ich habe gesehen, wie die leuchtend violettrote *Clematis* 'Étoile Violette' durch die unteren Zweige von 'Albertine' rankt – eine überwältigende Farbkombination.

Rosa 'Alister Stella Gray'

Ursprung: England (Grey)
1894
Höhe: 4,5 m
Härtezone: 5
Bezugsquellen: 5, 7, 8, 9, 18, 19, 23, 29, 32, 41

Üppige Blütenfülle, bezaubernder Duft und Anmut zeichnen diese kletternde Noisette-Rose aus, die auch als 'Golden Rambler' bekannt ist. Die eleganten, gelben Knospen öffnen sich im Juni zu cremeweißen, gefüllten Blüten (Durchmesser 8 cm). Diese fallen durch ihre schöne Gestalt mit den eingerollten und gefalteten Kronblättern ins Auge und gleichen in der Textur feiner Seide. Sie verströmen einen herrlichen, tropisch fruchtigen Duft von außergewöhnlicher Intensität und blühen unermüdlich bis in den Oktober. Sehr dekorativ ist auch das schöne, sattgrüne Laub mit den fein gezähnten und spitz zulaufenden Fiederblättern.

Wer 'Alister Stella Gray' über ein Tor oder den überdachten Eingangsbereich des Hauses klettern läßt, wird mit köstlichem Duft empfangen; außerdem lassen sich so die Blüten von nahem bewundern. Die Rose gedeiht gut im Halbschatten, wo ihr Flor längst nicht so schnell verblaßt wie in voller Sonne. 'Alister Stella Gray' bildet aber auch einen hübschen Strauch. Im Mittelpunkt einer Rabatte gleicht sie einer Blütenfontaine. Besonders gut harmoniert sie mit Creme- und Gelbtönen wie etwa der ebenso fortgesetzt blühenden *Anthemis tinctoria* 'E. C. Buxton', dem rahmgelben Fingerhut *Digitalis grandiflora* und goldgelben Taglilien später im Jahr.

Rosa banksiae **var.** *banksiae*

Ursprung: China 1807
Höhe: 7,5 m
Härtezone: 7
Bezugsquellen: ´6, 18, 19, 46

Die weiße, gefülltblühende Banksrose ist zwar nicht so verbreitet wie ihre im folgenden beschriebene gelbe Schwester, stellt aber eine schöne, wenn auch frostempfindliche Kletterpflanze dar. Sie ist immergrün und unbestachelt, Triebe und Blätter sind rötlich überlaufen.

191

Im April-Mai erscheinen büschelweise kleine, stark gefüllte Blüten (Durchmesser 3 cm) mit Kronblättern, die durch gekräuselte Spitzen auffallen. Sie sind rahmweiß und verströmen einen einzigartigen, intensiv süßen Duft, der entfernt an Veilchen erinnert. Wie viele Wildrosen ist die Banksrose kräftig und starkwüchsig, was sich besonders im kleinen Garten als einziger Nachteil erweist. Da hilft nur ein rigoroser Rückschnitt, der übrigens beinahe jederzeit möglich ist – nur darf man nicht vergessen, daß diese Rose am alten Holz blüht. Ich habe sie sogar noch im August zurückgeschnitten, und dennoch hat sie im darauffolgenden Jahr schön geblüht.

Der glückliche Besitzer eines Gartens in günstiger Lage (Weinbauklima) wird an dem Blütenzauber im Spätfrühling große Freude haben. Das Rahmweiß der Blüten und die schlichte Eleganz des Laubes machen die Banksrose zu einem vielbewunderten Partner für andere Kletterpflanzen oder Gewächse am Fuß einer Mauer. Zusammen mit dem frühblühenden *Ceanothus* bietet sie ein herrliches Bild. Von extrem milden Gegenden abgesehen, ist sie im allgemeinen auf den Schutz einer sonnigen Mauer angewiesen – eine Pergola oder Laube bietet nicht genügend Schutz.

Rosa banksiae 'Lutea'

Ursprung: China um 1825
Höhe: 7,5 m
Härtezone: 7
Bezugsquellen: 5, 7, 9, 18, 19, 20, 29, 39, 41, 43, 46

Im Wuchs hat diese Züchtung große Ähnlichkeit mit *Rosa banksiae* var. *banksiae*, aber ihre Blüten sind zartgelb, etwas kleiner (Durchmesser 2,5 cm) und duften nicht. Manche Rosenkenner sprechen von einem flüchtigen Duft, aber ich habe immer wieder daran gerochen und nie auch nur das geringste wahrnehmen können.

An einer sonnigen Stelle blüht die Rose überreich, und ihre Kaskaden von Blüten gehören wohl mit zum beeindruckendsten Schmuck, den eine frühlingsblühende Kletterpflanze hervorbringt. Der zarte Gelbton harmoniert schön mit anderen, gleichzeitig blühenden „Kletterern" wie der mittelblauen *Clematis alpina* 'Frances Rivis'. Wie *Rosa banksiae* var. *banksiae* kann sie starkwüchsiger als erwünscht sein; man sollte sie deshalb stark zurückschneiden.

Rosa 'Blairi No. 2'

Ursprung: England (Blair) 1845
Höhe: 3,6 m
Härtezone: 5
Bezugsquellen: 5, 7, 8, 9, 18, 19, 36, 41, 46

Obgleich diese vornehme, alte Bourbon-Rose einen kuriosen Namen trägt, zeichnet sie sich durch viele Vorzüge aus. Die extrem prallen Knospen öffnen sich im Juni zu gefüllten Blüten (Durchmesser 9 cm), die in der Mitte ein reines Rosarot zeigen und an den Spitzen der Kronblätter und am Blütenrand silbrigrosa aufgehellt sind. Dieses wechselnde Farbenspiel fällt unmittelbar ins Auge. Der Duft ist süß und erfrischend. Die großen Blätter sind schön geformt, und die Triebe reizvoll rotbraun. Manchmal erscheinen gegen Ende des Gartenjahrs noch vereinzelt Blüten. Die weniger verbreitete 'Blairi No.1' unterscheidet sich lediglich durch ihre hellere Blütenfarbe und spärlicheren Flor. Dennoch bietet sie in voller Blüte ein sehr schönes Bild: ihre äußeren Kronblätter sind schwungvoll zurückgebogen, und die gekräuselten Ränder lassen die Rosetten wunderbar romantisch erscheinen.

Die verschwenderische Fülle der außergewöhnlich prächtigen und wohlriechenden Blüten macht den Zauber von 'Blairi No. 2' aus. Sie gedeiht gut im Halbschatten, wo sich ihre zarte Farbe ohnehin besser hält als in voller Sonne. An einer Pergola kann man ihren köstlichen Duft unmittelbar genießen und die schweren Blütenköpfe gebührend bewundern.

Ursprung: Frankreich um 1900
Höhe: 4,5 m
Härtezone: 5
Bezugsquellen: 5, 8, 18, 19, 32, 36

Rosa 'Bleu Magenta'

Die Farbe dieser Kletterrose ist höchst ungewöhnlich. Ende Juni erscheinen die ersten Blüten (Durchmesser 5 cm), gefolgt von einem sehr ausdauernden Flor. Die in üppigen Büscheln stehenden, gefüllten Rosetten fallen durch intensives Purpurviolett auf, das zu dunklem, rötlichem Lila verblaßt; dazwischen blitzen leuchtendgelbe Staubgefäße hervor. Ihre lebhafte Struktur verdanken die Blüten den einander überlappenden, eingerollten Kronblättern. Sie duften köstlich. Das kräftige, blaßgrüne Laub mit glänzender Oberseite besteht aus auffallend gezähnten Fiederblättern.

'Bleu Magenta' gedeiht gut im Halbschatten, wo ihr kräftiges Purpurviolett auch längst nicht so schnell verblaßt. An einer Pergola oder über einer Laube fällt das Licht wirkungsvoll durch das blaßgrüne Laub und läßt die herabhängenden purpurvioletten Blüten aufleuchten. An einer Mauer oder einem Zaun bildet 'Bleu Magenta' einen bewundernswerten Hintergrund für eine in Rot- und Purpurtönen gehaltene Rabatte. Sehr schön kommt sie mit violett- oder kupferrotem Laub zur Geltung. Ein großartiger Partner ist der Wilde Wein, *Vitis vinifera* 'Purpurea', der mit seinem bräunlich purpurnen Laub und dem Fruchtbehang die Dekoration fortsetzt, wenn die Rose längst verblüht ist. Empfehlenswert ist auch eine Kombination mit der sommerblühenden *Clematis* 'Ernest Markham'.

Rosa 'Blush Noisette'

Ursprung: USA (Noisette) vor 1817
Höhe: 3 m
Härtezone: 5
Bezugsquellen: 5, 7, 8, 9, 18, 19, 32, 36, 46

Diese alte Züchtung, die auch als 'Noisette Carnée' bekannt ist, gehört zu den ältesten noch bestehenden amerikanischen Rosensorten. Obwohl es im Grunde eine Strauchrose ist, eignen sich ihre langen, biegsamen Triebe weitaus besser zum Klettern. Sie beginnt im Juni zu blühen, indem sich die zahlreichen kleinen, rosa-purpurnen Knospen an den Spitzen der Triebe zunächst zu eleganten, schalenförmigen Blüten (Durchmesser

5 cm) öffnen und allmählich halbgefüllte Rosetten entfalten, die köstlich würzig duften. Die reizvollen, violettrosa Kronblätter drehen sich und überlappen einander. Die Blätter sind blaßgrün und die Triebe nahezu unbewehrt.

Diese üppig und ausdauernd blühende Rose wirkt das ganze Gartenjahr über dekorativ. Obgleich sie im Ruf steht, frostempfindlich zu sein, habe ich sie in recht rauher Lage an eine schattige Ostmauer gesetzt, wo sie erfreulich gut gedeiht. Aufgrund ihrer besonders ausgedehnten Blütezeit, der dekorativen Färbung und des köstlichen Dufts ist sie wie geschaffen für den kleineren Garten. Am besten zieht man sie an einer Mauer oder einem Zaun im Hintergrund einer schlichten Rabatte. Aber auch an einer hohen Kletterpyramide oder über einer säulenförmigen Stütze bildet sie im Zentrum einer größeren Rabatte einen Blickfang. Das helle Purpurrosa der Blüten ist so anpassungsfähig, daß es sowohl mit zarten Blau- und Rosatönen als auch mit kräftigeren Purpur- und Rottönen harmoniert.

Rosa 'Blush Rambler'

Ursprung: England (Cant) 1903
Höhe: 4,5 m
Härtezone: 5
Bezugsquellen: 8, 18, 19, 41

Dies ist die ideale Kletterrose für den Cottage-Garten: starkwüchsig, blühfreudig, intensiv duftend und schlicht, dabei aber unwiderstehlich bezaubernd. Die schönen, kräftig rosaroten Knospen, die wie kleine, rundliche Zapfen geformt und von feinstrahligen Kelchblättern umgeben sind, entfalten sich im Juni in üppigen

Blütenständen zu einem wahren Meer von Blüten (Durchmesser 4 cm). Mit der zartrosa und weißen Färbung gleichen sie Apfelblüten; sie sind halbgefüllt, die Kronblätter leicht eingerollt und um ein ausgeprägtes Büschel von Staubgefäßen gruppiert. Ihr Duft ist voll und süß. Das elegante Laub ist hellgrün.

Laub und Blütenschmuck dieser herrlichen Kletterrose sind zu dominant, als daß man sie ohne weiteres mit anderen Pflanzen kombinieren könnte. Aber als Einzelpflanze wirkt sie an einer schlichten Pergola sehr hübsch, und da sie praktisch keine Stacheln hat, reißt man sich beim Vorbeigehen auch nicht daran auf. Am dekorativsten ist sie an einer Laube oder Mauer. Die beste Kulisse für ihre heiteren Blüten bietet ein großer Baum im Obstgarten.

Rosa 'Bobbie James'

Ursprung: England (Sunningdale) 1960
Höhe: 7,5 m
Härtezone: 5
Bezugsquellen: 5, 7, 8, 9, 11, 18, 19, 31, 32, 36, 37, 41

Diese liebenswürdige Kletterrose hat Graham Stuart Thomas während seines Wirkens in den Sunningdale Nurseries entdeckt. In riesigen Büscheln stehend erscheinen die kleinen, mit gefransten Kelchblättern umgebenen Knospen. Ihr zunächst lebhaftes Rot geht allmählich in Rosa über, bevor sich im Juni schließlich die rahmweißen, schwach gefüllten Blüten (Durchmesser 5 cm) öffnen. Die einzelnen Blüten haben unterschiedlich viele Kronblätter mit abgerundeten, eingekerbten Spitzen – manchmal ist es lediglich ein einziges Kronblatt. Die Staubgefäße sind auffallend dottergelb. Das schöne, glänzende Laub ist hellgrün und besteht aus spitz zulaufenden, gebogenen Fiederblättern, die bis zu 10 cm groß werden. Die Blüten stehen am rotbraunen, einjährigen Holz.

'Bobbie James' zeichnet sich durch Wuchsfreude, malerisches Laub und schöne, köstlich intensiv duftende Blüten aus. Ihr unbändiger Charakter steht in Kontrast zu dem sehr zierlichen Flor. Die dicht bestachelten Triebe klettern unschwer durch das Geäst von Bäumen oder steigen überall hoch, sofern man sie nicht daran hindert. Im naturnahen Garten kommt 'Bobbie James' am besten zur Geltung, denn in kunstvoll gestaltete Anlagen paßt diese Rose nicht. Unvergeßlich ist das Bild der üppigen Blütengirlanden im Astwerk eines Baumes.

Rosa bracteata

Die sogenannte Macartney-Rose, benannt nach dem Mann, der sie im Westen eingeführt hat, benötigt einen warmen, sonnigen Garten und viel Platz. Wo immer diese Voraussetzungen gegeben sind, stellt sie eine der schönsten Wildrosen dar. Aus den festen, spitz zulaufenden Knospen öffnen sich Ende Mai die weißen Blüten (Durchmesser 9 cm). Sie sind ungefüllt und zeigen in der Mitte ein Büschel zitronengelber Staubgefäße. Sie verströmen einen reinen, süßen Duft. Die hauchfeinen Kronblätter sind leicht gerüscht und an den Spitzen gekräuselt. Nach dem ersten Flor erscheinen bis weit in den Herbst immer wieder einmal Blüten, und vom Spätsommer an große, orangerote Hagebutten. Das immergrüne Laub besteht aus graugrünen, fein gezähnten Fiederblättern. Im Wuchs ist die Rose verzweigt und buschig, und die an kurzen Trieben stehenden Blüten scheinen aus einem Nest aus Blättern hervorzuschauen.

Die Macartney-Rose kommt, trotz ihres ungezähmten Charakters im Hintergrund einer Gemischten Rabatte sehr gut zur Geltung, genügend Platz vorausgesetzt. Ihre schönen, zierlichen Blüten verbinden sich harmonisch mit unzähligen anderen Pflanzen, wobei

Ursprung: Südost-China
1793
Höhe: 6 m
Härtezone: 7
Bezugsquellen: 18, 29, 48

allerdings immer die Gefahr besteht, daß ihr zurückhaltender Charme untergeht. *Rosa bracteata* ist im Grunde auf den Schutz einer Mauer angewiesen, obwohl sie in warmen Lagen auch an einer nach Norden gehenden Mauer gut gedeihen soll.

Rosa brunonii

Ursprung: Himalaja
Höhe: 12 m
Härtezone: 7
Bezugsquellen: 5, 26, 36

Wo immer genügend Platz und das entsprechende Klima gegeben sind, sollte diese ungeheuer große und zugleich großartige Kletterrose den Garten schmücken. Wohl keine andere Rose vereinigt in vergleichbarer Weise Wuchskraft und Schönheit von Blüten und Laub. Das hübsche, blaugrüne Laub besteht aus eleganten, spitz zulaufenden Fiederblättern, die schlaff herabhängen und bis zu 10 cm lang werden. Die ebenmäßigen, rahmgelben Knospen nehmen eine längliche, spitze Form an, bevor sie sich im Juni-Juli zu ungefüllten, weißen Blüten (Durchmesser 5 cm) öffnen. Zu Beginn stehen die Kronblätter leicht übereinander, sobald die Blüten aber entfaltet sind, teilen sie sich vollständig. Die Staubgefäße sind leuchtend goldgelb und buschig – in fortgeschrittenem Stadium färben sich die Spitzen nahezu schwarz. Die Blüten duften aufregend süß. Sie

Gegenüberliegende Seite:
Rosa 'Céline Forestier'

stehen in großzügigen Büscheln an Trieben mit auffallend großen, roten Stacheln, die hakenförmig zurückgebogen sind. Die Züchtung *Rosa brunonii* 'La Mortola', benannt nach dem prachtvollen Garten an der Italienischen Riviera, ist sogar noch starkwüchsiger und reichblühender. Die Einzelblüten werden größer (Durchmesser bis zu 8 cm) und an den Spitzen der Kronblätter sind markante, kleine Punkte sichtbar.

Nur wenige Rosen wird man wohl als „majestätisch" bezeichnen – für *Rosa brunonii* und insbesondere 'La Mortola' trifft dieses Attribut zu. Am besten kommt diese Rose im naturnahen Teil des Gartens zur Geltung – im Garten von La Mortola fällt sie kaskadenartig aus dem Geäst von Bäumen am Rand einer felsigen Schlucht. In meinem Garten klettert sie weniger unbändig in einer alten, überwachsenen Hecke durch die Zweige von Weißdorn und Hasel. Am schönsten wirkt sie in den meisten Gärten in einem großen Baum. Da ein solcher Standort allerdings fast immer trocken und schattig ist, sollte man sich anfangs etwas um sie kümmern. Sobald sie in die unteren Zweige reicht, wird sie sich mit Hilfe ihrer Stacheln selbst festhalten und weiterranken. Obwohl angeblich nicht ganz winterhart, hat sie in meinem Garten Temperaturen von -27 °C überstanden.

Rosa 'Céline Forestier'

Ursprung: Frankreich
(Trouillard) 1842
Höhe: 3,6 m
Härtezone: 5
Bezugsquellen: 5, 8, 9, 18, 19, 36

Diese Noisette-Rose gehört zu den wertvollsten kleineren Kletterrosen. Die schön geformten, zierlichen Blätter sind hellgrün und flattern anmutig an den rot überlaufenen, stark bewehrten Trieben. Die rot und grüngestreiften Knospen öffnen sich zu stark gefüllten, rahmgelben Blüten (Durchmesser 8 cm), die sich zur Mitte hin dunkler goldgelb färben. Ihr zauberhaft voller und süßer Duft hat eine leicht würzige Note. Die büschelständigen Blüten beginnen im Mai zu blühen, erscheinen aber mit Unterbrechung den ganzen Sommer.

Mit ihrer starken Ausstrahlung und dem einzigartigen Duft gehört 'Céline Forestier' zu den schönsten gelbblühenden Rosen. Obwohl die Triebspitzen zum Absterben neigen, ist diese Rose insgesamt bewundernswert robust. Da sie nicht übermäßig groß und starkwüchsig ist, eignet sie sich vorzüglich für den kleineren Garten. Ich habe 'Céline Forestier' an einer alten Natur-

steinmauer gezogen, wo sie sich malerisch mit den Pflanzen in der Rabatte darunter verwebt: dem silbergrau belaubten *Elaeagnus* 'Quicksilver' und der weißblühenden Nachtviole, *Hesperis matronalis* 'Alba', deren kräftiger Pfefferduft sich mit dem Parfum der Rose mischt. In einer Rabatte, in der zarte Creme- und Blautöne vorherrschen, dürfte 'Céline Forestier' an einer Säule einen prächtigen Mittelpunkt bilden.

Rosa 'City of York'

Ursprung: Deutschland
(Tantau) 1945
Höhe: 4,5 m
Härtezone: 5
Bezugsquellen: 5, 7, 8, 11, 17, 18, 19, 20, 41, 45

Es gibt nur sehr wenige neuere Kletterrosen, die in Blüte, Duft, Laub und Charakter als vorzüglich bezeichnet werden können. Zu ihnen gehört die auch als 'Direktor Benschop' bekannte Kletterrose. Ihre schön geformten, von schmucken Kelchblättern umgebenen Knospen laufen in einer Spitze aus und enthüllen, sobald sie anschwellen, die rosa-cremeweiße Färbung im Innern. Die Blüten (Durchmesser 9 cm), die im Juni erscheinen, sind zunächst schalenförmig, öffnen sich aber zu halb gefüllten, rahmweißen Rosetten mit blaßgelber Mitte und üppigen Staubgefäßen. Die Kronblätter sind an den Spitzen hübsch gerundet und dekorativ eingerollt. Die Blüten duften berauschend voll und süß, und das schöne, glänzend dunkelgrüne Laub besteht aus leicht gezähnten Fiederblättern.

Obgleich diese herrliche Rose vor Gesundheit und Wuchskraft zu bersten scheint, wirkt sie keineswegs derb. Wie alle weißen Rosen, deren Farbe durch eine andere gedämpft wird, hat sie sich im Garten an einer

Mauer oder einem Zaun bewährt; so trägt sie bestens zum Bild einer weißen oder auf Pastelltönen aufgebauten Bepflanzung bei. Hervorragend zur Geltung kommt sie an einer Pergola, wo ihre Blüten von unten bewundert werden können. Sie gedeiht sehr gut im Halbschatten, und auch ihre feine Färbung und das glänzende Laub wirken hier am schönsten.

Rosa 'Claire Jacquier'

Ursprung: Frankreich
(Bernaix) 1888
Höhe: 7,5 m
Härtezone: 5
Bezugsquellen: 5, 8, 18, 19, 41

Diese Noisette-Rose ist ein verwegener „Kletterer" mit dekorativem Laub, herrlichen, öfterblühenden Blüten und einem angenehmen Duft. Im Juni öffnen sich die prallen, cremegelben Knospen zu gefüllten, aprikosengelben Blüten (Durchmesser 8 cm), die anfangs eher schalenförmig sind und in der Mitte ein lebhaftes Muster dicht gedrängter, wirbelnder Kronblätter erkennen lassen. Mit der Zeit weiten sich die immer blasser werdenden Blüten, so daß die kleineren, gebogenen Kronblätter sichtbar werden, welche die Staubgefäße wie eine Halskrause umgeben. Der süße, moschusartige Duft ist herrlich. Die Blüten stehen in Büscheln an den endständigen, langen Trieben, das Laub ist kräftig und voll, das Holz bronzefarben und kaum bestachelt.

'Claire Jacquier' ist in vieler Hinsicht bezaubernd. Am schönsten entfalten sich ihre herrlichen Blüten an einem kühlen Standort im Halbschatten; in praller Sonne öffnen sich die Knospen vorschnell und verbleichen. Diese Rose ist so dekorativ, daß sie nicht auf Begleitpflanzen angewiesen ist. Mit den gedämpft grünweißen Blüten der sommerblühenden *Clematis* 'Alba Luxurians' bietet sie ein hübsches Bild. Ich habe sie in einer großzügigen, von einer Mauer umgebenen Rabatte vor Augen, wo sie den Hintergrund für eine Bepflanzung in Gelb-, Creme- und Orangetönen bildet.

Rosa **'Constance Spry'**

Ursprung: England (Austin) 1961
Höhe: 2 m
Härtezone: 5

Obgleich sie zu den Strauchrosen zählt, ist 'Constance Spry' auf umfassende Stütze angewiesen, und eignet sich deshalb weit besser als Kletterrose. Die prallen, rosaroten Knospen mit den schmucken Kelchblättern schwellen im Mai an, und einen Monat später öffnen sich die gefüllten Blüten (Durchmesser 11 cm), die durch die reinrosa Färbung und blaß silbrigrosa abgesetzte Ränder auffallen. Die Blüten sind ausnehmend schön geformt, die äußeren Kronblätter zurückgebogen, während die im Innern um eine deutlich abgegrenzte Mitte wirbeln. Sie duften angenehm würzig. Die großen, spitz auslaufenden Blätter sind rund-oval und gezähnt.

'Constance Spry' gehört zu den bezauberndsten neueren Rosen. Die verschwenderische Blütenfülle und das üppige Laub sind wie geschaffen für eindrucksvolle Effekte. Da die Rose nur einmal blüht, paßt sie wohl am besten in den größeren Garten, in dem ihr eine ganze

Mauer oder ein Zaun zur Verfügung stehen. Fächerartig erzogen bedeckt sie einen Raum von mindestens 6 m Breite, und in voller Blüte bietet sie eine faszinierende Kulisse für einen Sitzplatz. Nach der Blüte läßt sich das Bild beleben, indem man eine oder zwei spätblühende *Clematis*-Arten durch ihr hübsches Laub ranken läßt. Wunderschön wirkt die im August blühende *Clematis texensis* 'Gravetye Beauty'.

Rosa 'Easlea's Golden Rambler'

Ursprung: England (Easlea)
1932
Höhe: 4,5 m
Härtezone: 5
Bezugsquellen: 5, 18, 29, 32

Diese großartige, gelbblühende Kletterrose ist im Charakter geradezu überwältigend. Ihre Knospen blitzen zunächst rot und gelb, sobald sich die Kelchblätter zu teilen beginnen, zeigen die halbgeöffneten, schön eingerollten Blütenköpfe jedoch einen warmen Aprikosenton. Im Juni entfalten sich dann die schwach gefüllten, cremegelben Rosetten (Durchmesser 10 cm). Die Kronblätter sind gefältet und zerknittert und werden im Laufe der Zeit üppig bauschig. Sie duften angenehm süß und fruchtig. In großen Büscheln stehen die Blüten an den Spitzen der langen Triebe. Die dunklen, glänzenden Blätter mit den ausgeprägten Adern sind rund-oval und enden in einer Spitze. Die einmalblühende Rose ist sehr gesund und starkwüchsig.

Obgleich der messingfarbene Flor von 'Easlea's Golden Rambler' unmittelbar ins Auge fällt, ist er keineswegs derb. Nachdem die Rose verblüht ist, wirkt ihr Laub weiterhin dekorativ. Am besten kommt sie an einer Pergola zur Geltung, wo man zu ihren schweren Blüten aufschauen und den Duft genießen kann. An einer Mauer oder einem Spalier bildet sie eine großartige Ergänzung für eine Rabatte in Gelb- und Cremetönen. Da die Blüten sehr groß und farblich so dominant sind, daß sie zurückhaltendere Pflanzen geradezu erdrücken, möchte ich davon abraten, sie mit anderen, gleichzeitig blühenden Kletterpflanzen zu kombinieren. Gegen Ende des Gartenjahrs wirkt diese Rose jedoch in Verbindung mit der im Spätsommer blühenden, mauvefarbenen *Clematis* 'Little Nell' großartig.

Rosa 'Emily Gray'

Gelb ist eine nicht unproblematische Farbe für Rosen, zumal insbesondere die neueren Züchtungen grell und aufdringlich wirken.

Die Blüten (Durchmesser 8 cm) der Kletterrose 'Emily Gray' überraschen hingegen durch herrlich reines Zitronengelb. Sie öffnen sich im Juni aus spitzen

Ursprung: England
(Williams) 1918
Höhe: 4,5 m
Härtezone: 5
Bezugsquellen: 5, 8, 18, 23, 29, 32, 37, 39, 42

Knospen, die in üppigen Büscheln an endständigen Trieben stehen. Die halbgefüllten, lockeren Rosetten mit den zurückgebogenen Kronblättern nehmen im Laufe der Vegetationsperiode eine wunderbar bauschige Form an. Sie duften gut und haben markante Staubgefäße. Die neuen Triebe sind intensiv rotbraungefärbt, und die stechpalmenartigen Blätter wirken außergewöhnlich reizvoll: kräftig, glänzend wie Lack und an den Rändern auffallend gezähnt.

Obgleich 'Emily Gray' nur einmal blüht, verdient diese Rose mit dem überwältigenden Flor und dem dekorativen Laub mit Sicherheit einen Ehrenplatz im Garten. Sie eignet sich vorzüglich für eine Laube oder Pergola, insbesondere wenn sich späterblühende Kletterpflanzen wie *Clematis* zwischen dem glänzenden Laub und den roten Trieben verweben. Die ausgesprochen dunkelpurpurn blühende *Clematis* 'Royal Velours' harmoniert sehr schön mit der Rose. Großartig gefallen hat sie mir auch an einer großen Kletterpyramide inmitten einer Schmuckrabatte, umgeben von den blaßvioletten Blütenähren von *Veronicastrum virginicum*.

Rosa 'Étoile de Hollande, Climbing'

Ursprung: Niederlande
(Verschuren) 1919
Kletterform 1931
Höhe: 5,5 m
Härtezone: 5
Bezugsquellen: 5, 12, 19,
20, 29, 32, 37, 38, 39, 40,
41, 45

Obgleich die Auswahl an roten Rosen groß ist, haben sich nur wenige wirklich bewährt. 'Étoile de Hollande' ist eine alte Teerosenkreuzung, die aufgrund zahlreicher Vorzüge empfehlenswert ist. Obgleich sie sich auch gut als Strauchrose eignet, ist sie als Kletterrose einzigartig. Die schön geformten, nahezu schwarzroten Knospen öffnen sich im Juni zu herrlich locker gefüllten, roten

Blüten (Durchmesser 9 cm). Anfangs leuchtend karmesinrot, nehmen sie im Laufe der Zeit eine scharlachrote Tönung an, bleiben aber schwach schalenförmig. Die äußeren, etwas übereinander stehenden Kronblätter sind leicht zurückgebogen und fühlen sich wie sehr feiner Samt an. Kurz vor dem Verblühen nehmen die Blüten eine herrlich bauschige Gestalt an. Ihr köstlicher Duft ist intensiv süß und aufregend, und nach dem ersten Hauptflor erscheinen das ganze Gartenjahr über immer wieder Blüten. Das für Tee-Hybriden charakteristische Laub besteht aus ansehnlichen, gezähnten Blättern, die etwas schlaff herabhängen und leicht flattern.

An einer Mauer oder einem Spalier im Hintergrund einer breiten Rabatte bietet 'Étoile de Hollande' eine prächtige Kulisse für eine Bepflanzung in Rot- und Purpurtönen. Da die Rose aber sehr starkwüchsig ist, dürfte die Pflege inmitten einer dicht bepflanzten Rabatte nicht ganz einfach sein. Ich habe sie an die Rückwand eines Hauses gesetzt, wo sie bis zu den oberen Stockwerken kletternd das Schlafzimmerfenster dekorativ umrahmt und den Raum mit köstlichem Duft erfüllt. Von Gärten in sehr rauhen Lagen abgesehen, gedeiht sie an einer Nordmauer sehr gut; ihre intensiven Farben halten sich so auch wesentlich länger.

Rosa 'Félicité et Perpétue'

Ursprung: Frankreich
(Jacques) 1827
Höhe: 4,5 m
Härtezone: 5
Bezugsquellen: 4, 5, 7, 8, 9, 13, 19, 20, 29, 30, 32, 36, 37, 39, 41, 42, 45, 46

Diese Kletterrose trägt ihren klingenden Namen zu Ehren von zwei karthagischen Märtyrern, der heiligen Felicitas und der heiligen Perpetua. Im Juni öffnen sich die kleinen, rosaroten Knospen, die sich zu gefüllten, da und dort rosa überlaufenen, cremeweißen Blütenbällen (Durchmesser 5 cm) entfalten. Durch die leicht übereinander stehenden Kronblätter, die sich zu gleichmäßigen, konzentrischen Kreisen gruppieren, wirken sie in der Form zunächst kompakt, werden dann aber mit der Zeit dezent bauschig. In riesigen, wirren Büscheln stehend verströmen sie einen flüchtigen Duft. Das mittelgrüne, äußerst kräftige Laub hält sich recht lange; es besteht aus glänzenden, anmutig geformten Fiederblättern. 'Félicité et Perpétue' entfaltet sich Ende Juni und blüht dann sehr ausdauernd. Die Rose ist äußerst robust, verträgt auch Kälte und gedeiht vorzüglich im Schatten.

Obwohl 'Félicité et Perpétue' geradezu ungestüm starkwüchsig ist, strahlt sie etwas ausgesprochen Feminines aus. Wichtig ist, daß sich ihre kleinen Blüten unmittelbar in Sichtweite präsentieren – an einer Mauer oder einem Zaun im Hintergrund einer großen Rabatte verlieren sie an Charakter und verschwimmen zu einer undefinierbar weißen Fläche. Am dekorativsten wirkt ihr verschwenderisch üppiger Flor über einer großen Laube oder als Umrandung eines Tors in einer hohen Mauer, zumal man so die herabhängenden Blüten eingehend betrachten kann.

Rosa filipes 'Kiftsgate'

Ursprung: England (Bunyard) 1938
Höhe: 11 m
Härtezone: 5
Bezugsquellen: 4, 5, 7, 8, 9, 17, 19, 20, 23, 29, 37, 46

Diese Rose ist nichts für zaghafte Gärtner, noch für allzu kleine Gärten. *Rosa filipes* kam 1908 von China nach Westeuropa. Die Form 'Kiftsgate' erwarb Miss Heather Muir von Kiftsgate Court in Gloucestershire von dem Rosenzüchter E. A. Bunyard. Dabei stellte sich heraus, daß die Züchtung, die man heute überall in den Gärten sieht, der Ausgangsform weit überlegen ist. Sie blüht wesentlich später als die meisten Rosen. Die kleinen, kugelförmigen Knospen öffnen sich Ende Juni. Die riesigen, hängenden Blütenstände haben bisweilen einen Durchmesser von bis zu 45 cm und tragen über hundert rahmweiße Blüten (Durchmesser der Einzelblüte 2,5 cm) mit goldgelben Staubgefäßen. Sie sind leicht schalenförmig und sehr anmutig. Ihr durchdringend süßes Parfum gehört zu den besten Düften im Garten, und die üppige Blütenfülle einer ausgewachsenen Pflanze wirkt geradezu überwältigend. Ins Auge fällt auch das Laub dieser Rose, das aus hellgrünen, glänzenden Fiederblättern besteht, die in langen Spitzen enden. *Rosa filipes* 'Kiftsgate' blüht nur einmal, auch wenn oft bis in den August Blüten erscheinen. Dennoch ist ihr Schauspiel damit keineswegs beendet. Den Blüten folgen nämlich Unmengen von Hagebutten und herrlich lohbraunes Laub im Herbst.

Im Garten von Kiftsgate Court klettert die „Kiftsgate-Rose", die Heather Muir vor über 50 Jahren gepflanzt hat, durch eine Blutbuche, *Fagus sylvatica* 'Purpurea' – ein überwältigendes Bild. Für eine strenge, formale Bepflanzung ist sie viel zu groß und unbändig im Wuchs. Sie verträgt Halbschatten, benötigt aber etwas Zeit, um unter einem Baum richtig einzuwurzeln, und sollte in der Jugend regelmäßig gewässert werden. Die Geduld lohnt sich jedoch, denn voll ausgewachsen wirkt sie wirklich überwältigend.

Rosa 'Fräulein Octavia Hesse'

Ursprung: Deutschland 1909
Höhe: 3,6 m
Härtezone: 5
Bezugsquelle: 5

Diese Kletterrose hat im Charakter Ähnlichkeit mit 'Albéric Barbier', unterscheidet sich aber dennoch durch ganz individuelle Vorzüge. Im Juni öffnen sich die hellen, zitronengelben Knospen zu gefüllten, weißen Blüten (Durchmesser 9 cm), die wie volle, lockere Pompons aussehen und in der Mitte teilweise rosa gesprenkelt und cremegelb überlaufen sind. Voll erblüht gleichen sie handgroßen Bällen aus zerknittertem Satin. Sie duften köstlich süß und intensiv. Die schön geformten Blätter sind glänzend mittelgrün und fein gezähnt.

'Fräulein Octavia Hesse' spiegelt das romantische Flair der Belle Époque wider. Das gedämpfte Weiß der Blüten hat nichts gemeinsam mit dem aggressiven, kalten Weiß, das im Garten so beklemmend wirken kann. Die unregelmäßig geformten Blüten, die zerknitterten und gefälteten Kronblätter – all dies wirkt äußerst dekorativ. Sehr schön ist diese Rose an einem Zaun oder einer Mauer im Hintergrund einer Rabatte. Da sie im Wuchs nicht so unbändig ist, kann man sie auch an einer Kletterpyramide als Mittelpunkt einer Gemischten Rabatte ziehen. Sie blüht lediglich einmal, eignet sich aber gut als Stütze für späterblühende Kletterpflanzen. Der orangeblühende, graugrün belaubte *Eccremocarpus scaber* wirkt großartig zwischen ihrem glänzenden Laub.

Ursprung: Frankreich 1853
Höhe: 3,6 m
Härtezone: 5
Bezugsquellen: 5, 7, 8, 9, 10, 18, 19, 23, 24, 29, 30, 31, 32, 33, 36, 37, 39, 41

Rosa 'Gloire de Dijon'

Die Teerose 'Gloire de Dijon' gehört zu den schönsten klassischen Kletterrosen. Die ebenmäßig geformten, rötlichen Knospen öffnen sich in geschützten Gärten bereits Anfang Mai. Die Blüten (Durchmesser 8 cm) wirken ausdrucksvoll und bezaubernd. Die gefüllten

Rosetten sind geviertelt, im Farbton vergleichbar mit hell rahmgelbem Leder, während an den Spitzen der Kronblätter noch immer eine Spur Rot von den Knospen sichtbar ist. Ihr Duft ist einzigartig köstlich – ein angenehm zartes Teerosenparfum. Nach dem ersten Frühsommerflor erscheinen die ganze Saison über immer wieder Blüten. Wie viele guten Dinge im Leben hat auch diese Rose ihre Schwächen: das Laub ist anfällig für Sternrußtau, und bei zu feuchter Witterung öffnen sich die Knospen nicht. Dennoch ist 'Gloire de Dijon' in voller Blüte unwiderstehlich schön.

In meinem Garten klettert sie an einer alten Natursteinmauer durch das graue Laub von *Buddleja crispa* und verwebt sich zwischen den lila Blüten der *Clematis* 'Countess of Lovelace'. Im Hintergrund einer in Creme- und Gelbtönen gehaltenen Rabatte verleiht sie dem Gesamtbild eine gewisse Wärme. Sehr gut kommt sie an einer Pergola oder über einem Torbogen zur Geltung – hindurchgehend fühlt man sich von dem einzigartigen Duft geradezu eingehüllt. Da die großen und schweren Blüten ohnehin von selbst herabhängen, sind sie von unten betrachtet am wirkungsvollsten.

Rosa 'Goldfinch'

Ursprung: England (Paul) 1907
Höhe: 2,5 m
Härtezone: 5
Bezugsquellen: 5, 8, 9, 18, 19, 22, 32, 36, 41

Diese zierliche Rose ist wie geschaffen für Besitzer kleinerer Gärten, die das Erlebnis „Kletterrose" uneingeschränkt genießen möchten. Ihre schön geformten Knospen stehen in üppigen Büscheln an den Spitzen der Triebe und zeigen, sobald sich der Kelch teilt, ein hübsches Aprikosengelb. Die ersten Blüten (Durchmesser

6 cm) öffnen sich im Juni. Sie sind halbgefüllt, anfangs hübsch primelgelb, verblassen aber später zu Weiß mit cremegelber Mitte. Die Kronblätter stehen leicht übereinander; einige fallen durch elegant eingerollte Spitzen auf, was der Blüte eine besonders reizvolle Gestalt verleiht. Die frisch aufgeblühten Rosetten haben ein stark hervortretendes Büschel goldgelber Staubgefäße, das sich in fortgeschrittenem Stadium schwarz färbt. Die üppigen Blütentrauben stehen an rötlich braunen Trieben, die dicht mit sehr feinen Stacheln bedeckt sind. Sie verströmen einen flüchtigen, aber sehr süßen Duft, der an das Parfum von Schlüsselblumen erinnert. Das frische, hellgrüne Laub besteht aus spitz zulaufenden Fiederblättern.

Auch im Wuchs ist 'Goldfinch' für Gärten mit wenig Platz vorzüglich geeignet. Sie blüht nur einmal, dafür aber ausgesprochen lang. In leichtem Schatten kommt ihre Farbe am besten zur Geltung.

Rosa 'Guinée'

Ursprung: Frankreich (Mallerin) 1938
Höhe: 4,5 m
Härtezone: 5
Bezugsquellen: 5, 7, 8, 9, 23, 29, 30, 32, 36, 37, 41

Diese kletternde Teehybride bringt prächtige, köstlich duftende Blüten in selten dunklem Rot hervor. Die prallen Knospen sind nahezu schwarz und öffnen sich im Juni zu gefüllten, außergewöhnlich dunkelroten Blüten (Durchmesser 10 cm). Sie sind zunächst leicht schalenförmig, die äußeren Kronblätter zurückgebogen und die inneren eingerollt. Der glänzende Schimmer kommt durch die sehr glatte Textur der Kronblätter zustande. Später weiten sich die Blüten und nehmen eine eher lockere Gestalt an, bewahren die Farbe aber bemerkenswert gut. Ihr außergewöhnlicher Duft ist voll, süß und intensiv. Die Blätter sind großflächig und gewellt. Auf den ersten Flor folgen im Laufe des Gartenjahrs immer wieder vereinzelt Blüten.

Weder bei den Strauchrosen noch bei den Kletterrosen wird man einen Rotton finden, der sich an dem tiefen Dunkelrot dieser vorzüglichen Teerose messen könnte. Vor Jahren habe ich sie an einer verwitterten Kalksteinmauer gezogen, vor deren blassem Grau die Farbe richtig leuchtete. Am besten wirkt sie als Solitär an einem besonders schönen Platz im Garten – so gilt die gesamte Aufmerksamkeit allein ihrer Schönheit. Aber auch an einem hellen Spalier, das wie eine Art Laube einen Sitzplatz umrahmt, kann man sich am Duft dieser dekorativen Rose freuen. Sie gedeiht vorzüglich an einem warmen, sonnigen Standort.

Rosa 'Lady Hillingdon, Climbing'

Ursprung: England (Hicks) 1917
Höhe: 4,5 m
Härtezone: 5
Bezugsquellen: 5, 8, 19, 29, 32, 37

Die drei dominierenden Eigenschaften dieser kletternden Teerose sind ihr voller, großzügiger Charakter, die seltene Farbe und der köstliche Duft. Die länglichen, spitz zulaufenden Knospen enthüllen, sobald sich die Kelchblätter teilen, ein frisches Zitronengelb. Die halbgeöffneten, schön geformten Blüten bestehen aus eingerollten Kronblättern, die sich anmutig entfalten. Die im Juni voll erblühten, gefüllten Rosetten (Durchmesser 8 cm) bezaubern durch warmes, leuchtendes Aprikosengelb. Leicht glockenförmig hängen sie anmutig herab und verströmen einen einzigartigen, intensiv süßen und würzigen Duft. Das Holz ist hübsch pflaumenblau und das Laub frisch und glänzend grün.

Wer 'Lady Hillingdon' die entsprechenden Bedingungen bieten kann, sollte sie ganz oben auf die Liste bewährter Kletterrosen setzen. Um ihre ganze Pracht zu entfalten, benötigt diese Rose einen warmen, nach Süden oder Westen gehenden Standort im Schutz einer Mauer. Sehr schön wirkt sie an einer Pergola. Allerdings ist sie dort stark dem Wind ausgesetzt, was sie nur in milden Lagen unbeschadet übersteht. Ist erst einmal der ideale Standort gefunden, braucht man sich über Begleitpflanzen keine Gedanken zu machen. 'Lady Hillingdon' bringt mit Unterbrechung das ganze Gartenjahr über Blüten hervor und ist eine so charaktervolle Rose, daß sie auch allein sehr dekorativ wirkt.

Rosa 'Lady Waterlow'

Ursprung: Frankreich (Narbonnand) 1903
Höhe: 3,6 m
Härtezone: 5
Bezugsquellen: 5, 8, 9

Viele der besten kletternden Teehybriden entstanden zu einer Zeit, in der romantisch volle Blütenbälle besonders geschätzt waren. Ihre schönen, spitz zulaufenden Knospen sind ebenmäßig geformt und enthüllen, sobald sich die Kelchblätter teilen, ein dunkles Blutrot. Im Juni öffnen sich die halbgefüllten Blüten, die zunächst ansehnlich schalenförmig sind, sich mit der Zeit aber zu einem farbenprächtigen, lockeren Bündel wirbelnder und einander überlappender Kronblätter weiten. Voll entfaltet erreichen sie bis zu 11 cm Durchmesser und farblich bezaubern sie durch eine Mischung aus Rosarot in der Mitte und silbrigem Rosa zu den Rändern hin, insbesondere an den zurückgebogenen Kronblättern am äußeren Rand. Sie duften süß, aber flüchtig, und oft erscheint später im Sommer eine Nachblüte. Besonders ins Auge fällt das Laub: die lindgrünen, jungen Fiederblätter sind ansehnlich gerundet, gezähnt und enden in einer Spitze.

'Lady Waterlow' ist robust und starkwüchsig, dennoch aber nicht maßlos unbändig. In kleineren Gärten läßt sie sich an einer Mauer oder einem Spalier leicht im Zaum halten. Mir gefällt sie am besten als Solitär, wo immer auffallender Schmuck gewünscht ist. Mit ihrer beinahe überschwenglichen Wirkung kann sie zurückhaltendere Pflanzen nämlich leicht erdrücken. An einer Laube kommen der Blütenzauber und das dekorative Laub dieser Rose großartig zur Geltung; überdies erfüllt sie den Sitzplatz mit Duft und spendet zugleich Schatten.

Rosa laevigata 'Cooperi'

Ursprung: Südost-Asien
Höhe: 6 m
Härtezone: 7
Bezugsquellen: 5, 18

In entsprechender Umgebung wirkt diese großartige, aristokratische Rose geradezu spektakulär. Sie ist starkwüchsig und bildet innerhalb einer Vegetationsperiode 2–2,5 m lange, auffallend dekorative, fleischige Triebe, die rot gefärbt und mit kräftigen, hakenförmigen Stacheln besetzt sind. Aus den länglichen, schön geformten Knospen entfalten sich im Juni die ungefüllten, weißen Blüten (Durchmesser 10 cm), die süß nach Zedernholz duften. Sie haben rund-ovale Kronblätter und dottergelbe Staubgefäße, die sich später beinahe schwarz färben. An manchen Blüten erscheinen später rosa Sprenkel. Früh schon bilden sich die ansehnlichen, birnenförmigen Hagebutten, die im Spätsommer eine orangegelbe Färbung annehmen. Sie behalten ihre langen, feinstrahligen Kelchblätter und sind dicht behaart. Die glänzenden, kräftigen Blätter haben schmale, rote Ränder. Die Rose läßt sich leicht aus Stecklingen vermehren. Im übrigen ist die Züchtung hübscher als die Ausgangsform, deren junges Holz grün gefärbt ist.

Rosa laevigata 'Cooperi' ist auf Weinbauklima angewiesen, gehört aber, sofern die ihr entsprechenden Voraussetzungen gegeben sind, zu den robustesten Rosen
überhaupt. Sie blüht nur einmal, dafür aber sehr ausdauernd. Mit ihrem starkwüchsigen und unbändigen
Charakter eignet sie sich am besten für den eher naturnahen Bereich des Gartens. Bei mir klettert sie erfreulich
hübsch in einen alten Apfelbaum und blüht schön im
Halbschatten seiner Zweige. Sie rankt aber auch durch
eine naturnahe Hecke und läßt ihre langen Triebe gleich
üppigen Blütengirlanden herabhängen.

Rosa 'Léontine Gervais'

Ursprung: Frankreich
(Barbier) 1904
Höhe: 3,6 m
Härtezone: 5
Bezugsquellen: 5, 7, 8, 9,
18, 19, 32, 36

Diese starkwüchsige Kletterrose, die von der *Rosa wichuraiana* abstammt, bringt herrlich üppige Blüten hervor. Ihre Knospen sind sehr dekorativ und zeigen, sobald sich die Kelchblätter teilen, eine Kombination von
Rosa und Aprikosengelb. Die halbgefüllten Blüten
(Durchmesser 8 cm), die sich im Juni öffnen, sind gelblich rosa, verblassen aber in der Sonne zu Cremeweiß.

Gegenüberliegende Seite:
Rosa 'Madame Alfred
Carrière'

Die Kronblätter mit den abgerundeten, leicht eingekerbten Spitzen verleihen der Blütenform eine malerische Note. Die köstlich süß duftenden Blüten stehen in
üppigen Büscheln an den endständigen, langen Trieben,
die auffallend pflaumenblau gefärbt sind. Das ausnehmend schöne Laub besteht aus ebenmäßigen, gezähnten
Fiederblättchen mit lebhaft glänzender Oberfläche. In
kleineren Gärten läßt sich die Rose durch einen starken
Rückschnitt unmittelbar nach der Blüte im Zaum halten.

Für zarte Effekte eignet sich diese Rose nicht – ihr
überreicher, etwas zerzauster Flor verlangt regelrecht
zur Schau gestellt zu werden. Für einen Torbogen, einen
Eingang oder eine Pergola bildet 'Léontine Gervais' ei-
nen bewundernswerten Rahmen, eine Art duftender
Blütenhimmel, der besonders schön wirkt, wenn das
Sonnenlicht hindurchbricht. Mit etwas Fingerspitzen-
gefühl läßt sich 'Léontine Gervais' mit anderen blaßrosa
Rosen wie 'New Dawn' oder den gedämpft weißen
Blüten von 'Madame Alfred Carrière' kombinieren.

Rosa 'Madame Alfred Carrière'

Ursprung: Frankreich
(Schwartz) 1879
Höhe: 4,5 m
Härtezone: 5
Bezugsquellen: 5, 7, 8, 9,
10, 13, 18, 19, 20, 23, 24,
29, 30, 32, 36, 37, 39, 41,
42, 46

Die rosa Knospen dieser kletternden Noisette-Rose öffnen sich im Juni zu üppig gefüllten, weißen Blüten
(Durchmesser 9 cm), die auch später stets eine cremerosa getönte Mitte zeigen. Mit der Zeit lösen sich die
Blüten leicht auf und wirken mit ihrer etwas unförmigen
Gestalt wie zerknittert. Ihr Duft ist köstlich intensiv
süß. Sehr ausdrucksvoll wirkt auch das Laub: die schö-

nen, graugrünen Blätter sind ebenmäßig gerundet und gezähnt, dabei markant geadert.

Die rahmweißen Blüten, der üppige Flor und der außergewöhnliche Duft machen 'Madame Alfred Carrière' zu einer der wertvollsten Kletterrosen. Nach dem ersten, überreichen Flor blüht sie ununterbrochen das ganze Gartenjahr über. Obgleich sie sehr wuchsfreudig ist, läßt sie sich entsprechend zurückschneiden. Da sie am einjährigen Holz blüht, kann man sie, falls erforderlich, durch einen ziemlich starken Rückschnitt im Frühjahr eindämmen. Sie verträgt Halbschatten – bei mir gedeiht sie erfreulich gut an einer nach Osten gehenden Mauer. Als Rahmen um ein Fenster gezogen, erfüllt sie das Zimmer mit köstlichem Rosenduft.

Rosa 'Madame Caroline Testout, Climbing'

Ursprung: Frankreich (Pernet-Ducher) 1890
Höhe: 4,5 m
Härtezone: 5
Bezugsquellen: 5, 7, 8, 17, 19, 29, 32, 41

Diese prächtige Kletterrose, eine der ältesten noch bestehenden Teerosen-Züchtungen, ist im Charakter geradezu spektakulär. Die prallen Knospen, die farblich an Himbeermus mit Sahne erinnern, öffnen sich im Juni zu üppigen, stark gefüllten, schweren Blüten (Durchmesser 10 cm) mit blaßrosa Kronblättern, die an den Spitzen noch heller werden. Durch ihre Kräuselung entstehen lebhafte Farbvariationen. Die anfangs kugelförmigen Blüten öffnen sich auch später nie ganz. Sie duften flüchtig, aber süß, und die Blätter sind blaßgrün und auffallend gerundet. 'Madame Caroline Testout' blüht den ganzen Sommer über. Im Wuchs ist sie ziemlich kräftig und starr, so daß man die jungen Triebe biegen und ausrichten sollte, solange sie noch flexibel sind.

'Madame Caroline Testout' ist starkwüchsig und blühfreudig – eine Rose, die auffallend spektakulär wirkt. Am besten zieht man sie allein an einer hohen Hauswand, wo sie auch die oberen Fenster umrahmt. Sie gedeiht gut im Halbschatten. Ich habe sie erfolgreich an einer schattigen Westmauer gezogen, an der ihr leuchtendes Rosa sehr gut zur Geltung kommt.

Rosa **'Madame de Sancy de Parabère'**

Ursprung: Frankreich (Bonnet) 1845
Höhe: 4,5 m
Härtezone: 5
Bezugsquellen: 5, 8, 19, 24, 33, 35, 45

Diese Boursault-Rose ist ein kräftiger Kletterer mit großen, aber anmutig geformten, herrlich zartrosa getönten Blüten. Die dunkelroten Knospen öffnen sich im Mai-Juni zu sehr großen, gefüllten Blüten (Durchmesser 13 cm), die prächtig reinrosa gefärbt sind und muskatartig süß duften. Die äußeren Kronblätter sind größer als die inneren, was den Blüten eine ganz besondere Form verleiht. Die recht locker gruppierten Kronblätter wirbeln dahin und dorthin und bieten ein verschwenderisch üppiges Bild. Sie stehen in großer Fülle an vollkommen unbestachelten Trieben. Sehr hübsch wirkt das

221

dichte Laub, das aus großzügig gezähnten Blättern mit ledriger Oberfläche besteht.

'Madame de Sancy de Parabère' blüht nur einmal, ist aber eine wunderbare Kletterrose. Ihre üppigen, schwer herabhängenden Blüten strahlen ebenso wie das schlaffe Laub, das an langen, rutenförmigen Trieben stehend beim kleinsten Windhauch flattert, eine gewisse Lässigkeit aus. Es ist eine großartige Rose für eine Pergola oder Laube. Obgleich sie auch ohne „Begleiter" hübsch wirkt, kann man sie mit Pflanzen kombinieren, die zu anderen Zeiten blühen und Aufmerksamkeit erregen, wie beispielsweise mit einer *Clematis*, einer Rebe oder dem prächtigen Gelbblättrigen Hopfen, *Humulus lupulus* 'Aureus'.

Rosa 'Madame Grégoire Staechelin'

Ursprung: Spanien (Dot) 1927
Höhe: 4,5 m
Härtezone: 5
Bezugsquellen: 5, 7, 8, 9, 19, 23, 29, 30, 32, 36, 37, 39, 41,

Diese Teerosen-Kreuzung gehört zu den bezauberndsten und bestduftenden Kletterrosen. Die hellgrünen, prallen Knospen öffnen sich Anfang Juni zu locker gefüllten Blüten (Durchmesser 10 cm). Sie sind zartrosa, die Kronblätter rückseitig dunkler gefärbt, was besonders ins Auge fällt, wenn sich die leicht schalenförmigen Blüten entfalten. Sie duften aufregend stark und süß. Voll aufgeblüht nehmen die schwer herabhängenden Blüten eine füllige, leicht schlaffe Gestalt an. Die mittelgrünen Blätter sind ansehnlich geformt und die Triebe beinahe unbewehrt. 'Madame Grégoire Staechelin' bringt überdies auffallend orangefarbene Hagebutten hervor.

Obgleich ich diese Rose früher einmal erfreulich schön an einem Apfelbaum im Obstgarten hinaufklettern ließ, paßt ihr subtiler Charakter besser in einen formaleren Rahmen. Sie ist wie geschaffen für eine Pergola, an der ihre hängenden Blütenköpfe gut zur Geltung kommen und ihr Duft geschätzt wird. Hier könnte man sie mit Pflanzen, die zu anderen Jahreszeiten blühen, kombinieren. Ich denke dabei an die im Frühling blühende *Wisteria*, eine spätsommerliche *Clematis* und das hübsche, bunte Herbstlaub des Weins, *Vitis coignetiae*.

Ursprung: Deutschland
(Kordes) 1953
Höhe: 3,6 m
Härtezone: 5
Bezugsquellen: 2, 5, 6, 7,
8, 9, 10, 13, 18, 19, 22, 23,
25, 28, 29, 30, 32, 34, 35,
37, 39, 45, 46

Rosa 'Maigold'

'Maigold' gibt sich nicht eindeutig zu erkennen – ist es ein kletterfreudiger Strauch oder eine strauchige Kletterrose? Ich führe sie an dieser Stelle auf, da sie sich mit ihrem hoch aufgeschossenen, kräftigen Wuchs in den meisten Gärten besser als Kletterrose eignet. Die länglichen Knospen mit den spitz zulaufenden Kelchblättern zeigen anfangs – wie später die Blüten – ein rosiges Aprikosengelb. Sie entfalten sich, wie der Name verrät, im Mai. Mit 13 cm Durchmesser erreichen sie mit die größte Spannweite für eine Rose. Dennoch sind sie in der Form anmutig und haben nichts von der überzüchteten Plumpheit so vieler großblütiger, neuerer Rosen. Sie sind halbgefüllt, anfangs aprikosenfarben überlaufen, nehmen aber mit der Zeit eine warme, rahmweiße Tönung an. In fortgeschrittenem Stadium drehen und rollen sich die Kronblätter exotisch ein. Sie haben sehr ausgeprägte, goldgelbe Staubgefäße und einen süßen Duft. Ihr erster Flor hält sich über Wochen, und danach folgen das ganze Gartenjahr über immer wieder vereinzelt Blüten. Ihr hübsches, satt dunkelgrünes Laub besteht aus leuchtenden, gezähnten Blättern. Die jungen, starkwüchsigen Triebe hängen in großen Bögen über und sind mit roten Stacheln besetzt.

Diese robuste, frühblühende Rose gedeiht gut im Halbschatten. An einer Kletterpyramide oder einem turmartigen Spalier bildet sie in der Mitte einer Rabatte, in der entsprechende Hellbraun-, Creme- und Gelbtöne dominieren, einen vorzüglichen Blickfang. Kleinere Geißblattarten wie *Lonicera tragophylla* bieten – ebenfalls mit warmem, fast orangefarbenem Gelb – durchzogen von glänzendem Blattwerk ein großartiges Bild.

Rosa 'Mermaid'

Ursprung: England (Paul)
1918
Höhe: 9 m
Härtezone: 5

Sie ist durch Kreuzung zwischen der großartigen China-Rose, *Rosa bracteata*, und einer unbekannten Teerose entstanden. Diese „Erbmasse" war Grundlage für eine Kletterrose, in der sich Wildheit und Wuchskraft mit einem wesentlich feineren Element vereinen.

Die leuchtend zitronengelben Knospen öffnen sich im Juni zu ansehnlichen, ungefüllten Blüten (Durchmesser 10 cm) von blaß zitronengelber Färbung und einem stark hervortretenden Büschel von Staubgefäßen. Nach dem ersten Flor erscheinen am einjährigen Holz die ganze Saison über immer wieder einmal Blüten. Die Kronblätter stehen leicht übereinander und rollen sich an den Rändern ein, was die köstlich süß duftenden Blüten liebenswert anmutig erscheinen läßt. *Rosa* 'Mermaid' ist nahezu überall – Weinbauklima ausgenommen – auf einen geschützten Standort angewiesen. Obgleich sie auch im Schatten gedeiht, blüht sie in voller Sonne weitaus üppiger. Das hübsche Laub, das in milden Lagen immergrün ist, besteht aus schlanken, flatternden Fiederblättern. Die Triebe sind auffallend bronzefarben überlaufen und mit großen, hakenförmigen Stacheln besetzt. 'Mermaid' ist eine starkwüchsige und gesunde Rose.

In sehr warmen Lagen läßt sich 'Mermaid' als Solitärstrauch ziehen – die riesige Kuppel bogig überhängender, bestachelter Triebe ist mit einer Fülle von Blüten bedeckt. In den meisten Gärten ist die Rose jedoch auf den Schutz einer Mauer und einen sonnigen Standort angewiesen. Sie wirkt so aristokratisch und blüht so ausdauernd, daß sie wohl am besten ohne Begleitpflanzen zur Geltung kommt.

Rosa 'Mountain Snow'

Ursprung: England (Austin)
1985
Höhe: 4,5 m
Härtezone: 5
Bezugsquele: 18

Diese neuere Kletterrose, eine Züchtung von David Austin, gehört zu den schönsten Sorten unserer Zeit. Die auffallenden Knospen sind von feingliedrigen Kelchblättern eingefaßt, die beim Teilen eine Kombination aus Rosa und Rahmweiß enthüllen. Im Juni öffnen sich die halbgefüllten, elfenbeinweißen Blüten (Durchmesser 10 cm), die rahmweiß überhaucht sind und flüchtig duften. Die Kronblätter haben gekräuselte Ränder und drehen sich anmutig; dabei legen sich die kleineren in der Mitte wie eine Rüsche um die goldgelben Staubgefäße. Die satt dunkelgrünen Blätter sind rundlich, schwach gezähnt und spitz zulaufend, die Triebe leuchtend hellgrün.

'Mountain Snow' ist eine überaus wuchsfreudige Rose. In großzügigen Büscheln stehend gleicht ihr Flor einem Meer ungewöhnlich anmutiger Blüten. Voll ent-

faltet wirkt sie an einer Pergola aufregend dekorativ, während sich das hübsche Laub vorzüglich als Hintergrund für später blühende Pflanzen eignet. In einer Rabatte kommt sie an einer stattlichen Kletterpyramide oder einem Gerüst großartig zur Geltung. Sie gedeiht gut im Halbschatten, wo ihre Blüten im Gegenlicht besonders schön wirken.

Rosa 'Mrs. Herbert Stevens, Climbing'

Ursprung: Frankreich
(Pernet-Ducher) 1922
Höhe: 4,5 m
Härtezone: 5
Bezugsquellen: 7, 18

Diese kletternde Teerosen-Kreuzung strahlt etwas herrlich Lässiges aus. Die prallen Knospen sind rosa gesprenkelt und die Anfang Juni sich öffnenden Blüten bezaubern durch ihre schön eingerollte Form und das hübsche Cremegelb. Die voll erblühten Rosetten sind schalenförmig, aber locker und werden mit der Zeit leicht bauschig. Sie sind weiß, halbgefüllt und ungewöhnlich groß (Durchmesser 11 cm) und haben eine wärmer getönte, rahmweiße Mitte. Die äußeren Kronblätter sind stark zurückgebogen, während das Blüteninnere eine Zeitlang kompakt eingerollt bleibt. Die schweren Blüten, die anmutig an schlanken Trieben hängen, verströmen einen köstlich süßen, entfernt an

Äpfel erinnernden Duft. Die recht spärlichen Blätter sind groß, rund-oval, bis zu 10 cm lang und auffallend bronzerot überlaufen. Nach dem ersten Sommerflor erscheinen die ganze Saison über vereinzelt weitere Blüten.

Die transparente Leichtigkeit der riesigen Blütenblätter macht 'Mrs. Herbert Stevens' zu einer der anmutigsten und elegantesten Kletterrosen. Sie läßt sich problemlos mit vielen anderen Kletterpflanzen kombinieren. Mir gefällt sie sehr gut mit der gelbblühenden *Clematis orientalis* und verwoben mit dem an einer Mauer ausgerichteten *Ceanothus* 'Gloire de Versailles'. An einer Pergola werden ihre Blüten besonders vorteilhaft zur Schau gestellt, insbesondere wenn das Sonnenlicht durch die Kronblätter scheint.

Rosa 'New Dawn'

Ursprung: USA (Somerset Rosengesellschaft) 1930
Höhe: 3 m
Härtezone: 5

Diese Kletterrose ist zu Recht eine der beliebtesten Rosen des 20. Jahrhunderts. Sie erschien als Sport von 'Dr. Van Fleet' und gleicht dieser in jeder Hinsicht, von ihrer Fähigkeit, mehrfach zu blühen abgesehen. Ihre Knos-

Gegenüberliegende Seite:
Rosa 'Parkdirektor Riggers'

pen, die an bronzefarbenen Trieben stehen, haben ge-
franste Kelchblätter. Wenn sie sich teilen, kommt ein
cremegetöntes Rot zum Vorschein. Die halbgefüllten,
zunächst kugelförmigen Blüten öffnen sich im Juni. Die
voll entfalteten Rosetten (Durchmesser 9 cm) bewahren
ihre leichte Schalenform und zeigen ein sehr blasses,
reines Rosa. Sie stehen in großzügigen Büscheln an den
Spitzen der Triebe und duften angenehm süß. Das dekorative, glänzend dunkelgrüne Laub besteht aus markant gerundeten Fiederblättern, die einen bewundernswerten Hintergrund für die Blüten bilden. Diese öfterblühende, schattenverträgliche Kletterrose hat viele Vorzüge und keinerlei Schwächen. Gut bewährt hat sich
auch die Form 'New Dawn, White'.
 'New Dawn' ist die ideale Rose für den kleineren
Garten. Sehr schön wirkt sie an einer Laube über einer
Bank, zumal sich ihr zartes Rosa harmonisch mit anderen Farben wie dem Hochrot von *Clematis* 'Gravetye
Beauty' verbindet. An einer großen Kletterpyramide
stellt sie in der Gemischten Rabatte ein ausdauernd
blühendes, dekoratives Gestaltungselement dar. Sie
wird im Handel auch als Hochstamm angeboten.

Rosa 'Parkdirektor Riggers'

Ursprung: Deutschland
(Kordes) 1957
Höhe: 3,6 m
Härtezone: 5
Bezugsquellen: 5, 8, 9, 15,
23, 30, 35, 37

Überraschenderweise gibt es wenige wirklich schöne,
leuchtendrote Rosen – eine der vorzüglichsten ist diese
neuere Kletterrose, die in einem roten und purpurnen
Pflanzschema eine wertvolle Ergänzung darstellt. Die
elegant geformten, ziemlich spitzen Knospen öffnen
sich Anfang Juni zu flachen, halbgefüllten Blüten

(Durchmesser 8 cm), die zunächst dunkelrot gefärbt sind, dann aber karmesinrot werden und durch ein helleres „Auge" und markante Staubgefäße auffallen. Mehr oder weniger ausdauernd erscheinen sie die ganze Saison über in Büscheln an den endständigen Trieben. Die einander überlappenden, gewellten Kronblätter wirken sehr dekorativ. Am einjährigen Holz erscheinen später kleinere und flachere Blüten. Sie duften nur ganz schwach. Die hübschen, glänzenden Blätter sind rundoval und mit bis zu 8 cm Länge recht groß.

Die leuchtendroten Blüten und das dunkelgrüne Laub von 'Parkdirektor Riggers' bilden einen großartigen Kontrast. Trotz ihrer Starkwüchsigkeit läßt sich die Rose ohne weiteres im Zaum halten, zumal man sie entsprechend stark zurückschneiden kann. Die Triebe sind allerdings so starr, daß sie sich nur schwer an Pergolen ziehen lassen und am besten an einer Mauer ausgerichtet werden. 'Parkdirektor Riggers' verträgt Halbschatten, zumal an diesem Standort die tiefrote Färbung der Blüten erhalten bleibt. Kombiniert mit sommerblühenden *Clematis*-Arten wie der purpurnen 'Royal Velours' ergibt sich ein üppiger Schmuck.

Rosa 'Paul's Himalayan Musk'

Ursprung: England (Paul) 19. Jahrhundert
Höhe: 9 m
Härtezone: 5
Bezugsquellen: 5, 8, 9, 14 18, 19, 31, 32, 33, 36, 46, 47

Die riesigen Kletterrosen, die meist auf „Vorfahren" aus dem Himalaja zurückgehen, sind eine besondere Augenweide. Sie zeichnen sich durch Üppigkeit, den Duft Tausender von Blüten und große Kuppeln herrlichen Laubes aus. Die aus einem Sämling von *Rosa brunonii* entstandene 'Paul's Himalayan Musk' erfreut uns überdies durch herrlich dekorative, zarte Blüten. Die schön geformten Knospen sind mit spitz zulaufenden Kelchblättern umrahmt, die, sobald sie sich öffnen, ein blasses Rosa zeigen. Sie stehen in riesigen Büscheln an den Spitzen der dünnen Triebe. Die locker gefüllten Blüten (Durchmesser 4 cm), die sich im Juni öffnen, sind anfangs hellrosa, nehmen aber im Laufe der Zeit eine weiße, rosa überhauchte Färbung an und duften süß. Das glänzend graugrüne Laub besteht aus ledrigen, gezähnten Fiederblättern, die sehr dekorativ wirken.

Diese außergewöhnlich schöne Rose eignet sich allerdings nicht für kleine Gärten. Sie klettert an einem stattlichen, hohen Baum hinauf, indem sie sich mit ihren kräftigen, spitzen Stacheln festhakt und ihn in Schwaden von Blüten einhüllt. Wer über eine größere naturnahe Hecke verfügt, kann sich freuen: die Rose ist wie geschaffen, um zwischen Weißdorn, Stechpalmen oder Holunder hindurchzuranken.

Rosa 'Phyllis Bide'

Ursprung: England (Bide) 1923
Höhe: 3,6 m
Härtezone: 5
Bezugsquellen: 5, 7, 8, 17, 18, 19, 20, 23, 32, 46

Diese relativ kleine Kletterrose unbekannten Ursprungs bringt einzigartige Blüten hervor. Die herrlichen, cremerosa Knospen öffnen sich im Juni zu kleinen, schalenförmigen Blüten, die elfenbeinweiß und reinrosa gefärbt sind. Die Kronblätter sind zurückgebogen und rund um die Mitte eingerollt. Sie entfalten sich zu gefüllten Blüten (Durchmesser 8 cm) und fallen durch eine denkbar schreckliche Farbkombination auf: gelb in der Mitte und rosa an den Spitzen. Dennoch wirkt diese einzigartige Mischung ausgesprochen reizvoll, denn von weitem verschmilzt sie zu einem warmen, rosigen Cremeton. Die Blüten erscheinen in verschwenderischer Fülle und duften schwach süß. Die anmutig eingerollten und gekräuselten Kronblätter wirken sehr dekorativ. Das elegante, sehr dekorative Laub besteht aus reizvollen, dunkelgrünen Blättern mit glänzender, ledriger Oberfläche.

Da die ungewöhnliche Blütenfarbe von 'Phyllis Bide' wenig anpassungsfähig ist, würde ich mich scheuen, sie mit anderen Pflanzen zu kombinieren. Als vergleichsweise zierliche Kletterrose ist sie besonders für kleinere Gärten von Bedeutung. Sie blüht mehrfach die ganze Saison über bis tief in den Herbst und läßt sich sehr gut an einer Mauer oder einem Zaun ziehen, an der ein ausdauernd blühender Sommerschmuck – gegenüber dem Küchenfenster beispielsweise – besonders geschätzt wird. Sie gedeiht gut im Halbschatten.

Rosa 'Pompon de Paris, Climbing'

Ursprung: China
Strauchform 1839
Höhe: 3 m
Härtezone: 5
Bezugsquellen: 32, 46

Das ist die Kletterform einer zwergwüchsigen China-Rose, wie sie im 19. Jahrhundert für die Kultur in Töpfen weit verbreitet war. Die büschelständigen Knospen öffnen sich im Juni zu auffallend lilarosa getönten Rosetten (Durchmesser 4 cm). Im Laufe der Zeit lösen sich die gefüllten Blüten etwas auf und nehmen eine pastellrosa Färbung an. Die gewellten Kronblätter sind an den Rändern leicht gerüscht, dabei zur Blütenmitte hin kleiner und reizvoll nach innen gebogen. Das zarte, farnähnliche Laub besteht aus kleinen, fein gezähnten Blättern in apartem Graugrün. 'Pompon de Paris' treibt ganz kurze, praktisch stachellose Triebe aus. Ältere Pflanzen sind ziemlich verzweigt und dicht im Wuchs, was sie beeindruckend charaktervoll erscheinen läßt.

Diese sehr dekorative Kletterrose kann sich nur an einem geschützten, sonnigen Standort richtig entfalten. Im Gegensatz zur öfterblühenden, strauchigen Ausgangsform blüht sie nur einmal, bringt aber dafür ein Meer von Blüten hervor. Voll entfaltet bietet sie einen prächtigen Anblick, wobei ihr bezaubernder Charme in der Kombination von kleinen Blüten und verschwenderischer Üppigkeit begründet liegt. Das schmucke Laub bildet später im Gartenjahr eine vorzügliche Stütze für sommerblühende *Clematis*-Arten. Die verzweigten Triebe werden am besten zu Beginn des Frühlings geschnitten.

Rosa 'Rambling Rector'

Ursprung: England vor 1912
Höhe: 6 m
Härtezone: 5
Bezugsquellen: 5, 8, 9, 18, 19, 20, 31, 32, 36

Diese riesige Kletterrose unbekannten Ursprungs wird oft gründlich verkannt, wenn man sie lediglich für wert hält, unansehnliches Mauerwerk zu kaschieren. In Wirklichkeit hat die ungeheuer blühfreudige Rose nämlich viele andere Vorzüge. Die üppigen Büschel gekräuselter, kleiner Knospen entfalten sich im Juni und erfüllen die Luft mit berauschendem Duft. Die Blüten sind halbgefüllt (Durchmesser 4 cm), anfangs cremeweiß und nehmen zur Mitte hin, rund um die stark hervortretenden goldgelben Staubgefäße, eine kräftiger gelbe Färbung an. Mit der Zeit werden die Blüten fast reinweiß, und die wesentlich dunkleren Staubgefäße bilden im Innern einen Kreis aus schwarzen Punkten. Die Kronblätter sind annähernd herzförmig, und manche haben gekräuselte Ränder. Der besondere Reiz von 'Rambling Rector' besteht darin, daß gleichzeitig Knospen und Blüten in unterschiedlichem Stadium erscheinen. Das graugrüne Laub besteht aus spitz zulaufenden, fein gezähnten Fiederblättern. Einen hübschen Anblick bieten im Herbst die glänzenden, orangegelben Hagebutten.

'Rambling Rector' klettert ohne weiteres über Mauern, Hauswände und große Pflanzen – dabei tritt die ihr eigene, unbändige Wuchsfreude erst richtig zutage. Genügend Platz vorausgesetzt, kann man sie auch als Solitärstrauch verwenden – die riesige Kuppel bildet im naturnahen Garten einen großartigen Blickfang.

Rosa 'Russelliana'

Ursprung: Spanien (?)
1840
Höhe: 4,5 m
Härtezone: 5
Bezugsquellen: 5, 19, 33, 46

Auch wenn manche Gartenliebhaber diese Kletterrose für ziemlich derb halten, wirkt sie auf mich freundlich und dekorativ. Die schmuckvollen Knospen sehen wie pralle, kleine Kugeln aus, die von gekräuselten Kronblättern umgeben, beim Öffnen ein leuchtendes Rot enthüllen. In großzügigen Büscheln stehend erscheinen im Juni an den Spitzen der Triebe die gefüllten, lilakarmesinroten Blüten (Durchmesser 5 cm), die vor dem Verblühen einen rosigen Purpurton mit einem Hauch Magentarot annehmen. Sie duften muskatartig. Die Kronblätter sind gefaltet und stehen leicht übereinander, so daß die Blüten lebhaft strukturiert erscheinen. Die Blätter sind rund-oval und gezähnt, und die hellgrünen Triebe mit feinen, roten Stacheln besetzt.

Geschmackvolle Gartengestaltung wird allzu oft mit gedämpften Farben und stereotypen Effekten verbunden. Voll entfaltet bietet 'Russelliana' mit den – je nach Stadium – ganz unterschiedlich getönten roten und purpurnen Knospen und Blüten ein anregendes Bild, das an ein köstliches Dessert aus Beerenmus erinnert. Diese robuste, starkwüchsige Rose wirkt auch an schwierigen Standorten dekorativ. Sie gedeiht gut im Schatten und ist sehr krankheitsresistent. Mutigere Gartenfreunde kombinieren sie mit einer im Sommer blühenden *Clematis*, einer der dunkel purpurvioletten Sorten der *Viticella*-Gruppe beispielsweise, um einen berauschenden rot-purpurnen Zweiklang zu schaffen.

Rosa 'Sanders' White Rambler'

Ursprung: England
(Sanders) 1912
Höhe: 4,5 m
Härtezone: 5
Bezugsquellen: 8, 9, 18,
19, 23, 24, 29, 32, 42, 46

Sie gehört zu den besten Kletterrosen überhaupt und
blüht erst im Juni-Juli. Der Blütenflor ist beeindruckend
üppig. Die Büschel schön geformter, hellgelber Knospen
mit spitz zulaufenden Enden öffnen sich zu gefüllten,
weißen Rosetten (Durchmesser 6 cm) mit blaß rahmgel-
ber Mitte. Die Kronblätter mit den gewellten Rändern
sind ziemlich locker gruppiert und stehen leicht übereinander. Im Blüteninnern sind die Kronblätter recht
klein und gewölbt, um die auffallenden goldgelben
Staubgefäße zu umrahmen.

Der köstliche Duft der Blüten ist unverkennbar süß
und geradezu überwältigend intensiv, wenn die Rose in
voller Blüte steht. Das ausnehmend schöne Laub besteht aus frischgrünen, anmutig gezähnten Fiederblättern.

Alles in allem gehört 'Sanders' White Rambler' zu
den dekorativsten Kletterpflanzen. Sie blüht nur einmal,
dafür aber wochenlang. Obwohl diese Rose groß und
stattlich ist, läßt sie sich durch einen starken Rückschnitt nach der Blüte eindämmen. Am schönsten wirkt
sie als Solitär an einer Mauer oder da sie recht anfällig

für Mehltau ist, an einer Laube. Ein kühler, halbschattiger Standort kommt ihr zugute und unterstreicht zugleich die Wirkung der blassen Blüten und des glänzenden Laubs.

Rosa 'Seagull'

Ursprung: England
(Pritchard) 1907
Höhe: 6 m
Härtezone: 5
Bezugsquellen: 5, 7, 8, 9,
18, 19, 23, 32, 46

Diese große, starkwüchsige Kletterrose bringt schöne, zierliche Blüten hervor. Die in üppigen Büscheln stehenden, blaß zitronengelben Knospen sind zapfenförmig. Ihre Basis ist von einer anmutigen, kleinen Krause spitz zulaufender Kelchblätter umrahmt. Im Juni erscheinen die halbgefüllten, weißen Blüten (Durchmesser 4 cm). Das ausnehmend große Büschel von Staubgefäßen beherrscht mit seiner goldgelben Farbe das Blüteninnere. Später verblassen die Staubgefäße und die Blüten nehmen eine durch und durch weiße Färbung an. Ihr Duft ist süß und erinnert entfernt an Gewürznelken. Die Kronblätter überlappen einander leicht und sind locker gruppiert. Das schöne, graugrüne Laub besteht aus eleganten, spitz zulaufenden Fiederblättern.

Wenige Kletterrosen erregen in voller Blüte mehr Aufmerksamkeit als die einmalblühende 'Seagull'. Das Laub verschwindet völlig unter der überschäumenden Blütenfülle. Mich hat 'Seagull' an einer Pergola beeindruckt, an der sie zwischen den senkrechten Streben üppige Girlanden bildete und kombiniert mit einer im Spätsommer blühenden *Clematis* und dem Gelbblättrigen Hopfen, *Humulus lupulus* 'Aureus' auch nach der Blüte weiterhin einen Blickfang darstellte. Diese Rose wirkt auch schön, wenn sie im Obstgarten zwanglos durch die Zweige eines alten Apfelbaums klettert.

Rosa 'Sombreuil, Climbing'

Ursprung: Frankreich
(Robert) 1850
Höhe: 3 m
Härtezone: 5
Bezugsquelle: 32

Diese kletternde Form einer klassischen Teerose bringt üppige, nostalgisch anmutende Blüten (Durchmesser 11 cm) hervor. Sie öffnen sich im Juni als dicht gefüllte, weiße Rosetten mit cremerosa Mitte. Die Kronblätter bilden ein zwangloses Viertelmuster. Sie duften köstlich voll und rein. Für eine Teerose ist sie außergewöhnlich frostverträglich.

'Sombreuil' ist eine der schönsten und aufregendsten Kletterrosen. Obgleich sie im Grunde zu den öfterblühenden Strauchrosen zählt, ist sie als Kletterrose weitaus „dankbarer". In geschützten Gärten wirkt diese Rose besonders gut an einer Pergola. Sie läßt sich leicht im Zaum halten und wird in kleineren Gärten aufgrund ihres ausdauernden Flors besonders geschätzt. Überdies eignet sie sich bestens für eine Terrasse oder einen Sitzplatz.

Gegenüberliegende Seite:
Rosa 'Souvenir de la
Malmaison, Climbing'

Ursprung: England
(Bennett) 1893
Höhe: 3 m
Härtezone: 5
Bezugsquellen: 5, 7, 8, 9,
19, 20, 32, 41

Ursprung: Frankreich
(Lacharme) 1865
Höhe: 2,5 m
Härtezone: 5
Bezugsquellen: 5, 7, 8, 9,
19, 29, 32, 36, 37, 41, 46

Rosa 'Souvenir de la Malmaison, Climbing'

Sie stammt von einem kletternden Sport der älteren 'Souvenir de la Malmaison', einer Bourbon-Rose, die 1843 in Frankreich gezüchtet wurde. Da aber die großen, schweren Blüten nickend herabhängen und von unten gesehen am schönsten sind, ist die Kletterform der Strauchform vorzuziehen. Aus den prallen, rosigen Knospen, die halb geöffnet sehr hübsch wirken, entfalten sich im Juni die stark gefüllten Blüten (Durchmesser 9 cm). Sie fallen durch vornehm blasses Cremerosa, das zur Mitte hin dunkler wird, sowie dicht gedrängte, zerbrechlich wirkende Kronblätter ins Auge. Das mittelgrüne Laub setzt sich aus rund-ovalen, gezähnten Fiederblättern zusammen. Ihr etwas vager Duft ist nicht süß, er erinnert an das Bouquet von Wein. In voller Blüte wirkt diese Rose unvergleichlich spektakulär. Sie ist auf einen geschützten, sonnigen Standort angewiesen und wird wie andere Bourbon-Rosen durch Nässe am schlimmsten geschädigt. Die schönsten Exemplare habe ich in Gärten mit geringem Niederschlag gesehen. In der Regel blüht die Rose im Spätsommer ein zweites Mal.

Sie kommt am besten allein oder in sehr schlichtem Rahmen zur Geltung. An einer Laube überspannt sie den Sitzplatz gleich einem Blütenhimmel. In formalen Rosengärten in Frankreich kann man sie bisweilen an einem großen Metallrahmen bewundern.

Rosa 'Souvenir du Docteur Jamain'

Diese Remontant-Rose ist eigentlich ein Strauch, eignet sich aber aufgrund ihres lockeren Wuchses und der langen, dünnen Triebe weitaus besser als Kletterrose. Die büschelständigen Knospen enthüllen beim Teilen ein lebhaft dunkles Rot. Im Juni öffnen sich die gefüllten Blüten (Durchmesser 8 cm), die durch ein prächtig exotisches, überaus dunkles und volles Kastanienrot auffallen und sich wie Samt anfühlen. Ihr einzigartiger Duft ist intensiv würzig. Die Blüten sind leicht schalenförmig und die Kronblätter wirbeln in alle Richtungen. Das mittelgrüne Laub besteht aus schön gerundeten und gezähnten Fiederblättern. In voller Sonne verfärben sich die Blüten und werden braunrot wie abgestandener Rotwein. Damit sich die kräftige und schöne Farbe hält,

sollte man einen schattigen Standort wählen – eine nach Süden gehende Mauer ist absolut ungeeignet. Im Herbst blüht die Rose reichlich nach.

'Souvenir du Docteur Jamain' ist sowohl farblich als auch im Duft eine außergewöhnliche Rose. Obgleich es nicht schwer fallen dürfte, einen entsprechenden Schattenplatz zu finden, hat sie mir auch sehr gut als Mittelpunkt einer Gemischten Rabatte über einer großen Kletterpyramide aus Holz gefallen. Die intensive Farbe stellt in einer vorwiegend roten und purpurnen Bepflanzung ein berauschendes und anhaltend dekoratives Element dar.

Rosa 'Zéphirine Drouhin'

Ursprung: Frankreich
(Bizot) 1868
Höhe: 3 m
Härtezone: 5
Bezugsquellen: 5, 7, 8, 9, 10, 11, 13, 18, 19, 20, 23, 29, 30, 32, 36, 37, 39, 41, 44, 46, 47

Wer könnte die kletternde Bourbon-Rose 'Zéphirine Drouhin' je wieder vergessen? Sie läßt sich in der Tat mit keiner anderen Rose vergleichen. Die großen, prallen, roten Knospen öffnen sich im Juni zu üppigen, schwach gefüllten Blüten (Durchmesser 9 cm), deren lebhaftes Tiefrosa zu silbrigem Rosa verblaßt. Die Kronblätter sind an den Spitzen leicht gerüscht, manche rollen sich auf, so daß die blassere Rückseite zum Vorschein kommt. Obgleich die Zahl der Kronblätter nicht übermäßig groß ist, läßt ihre gedrehte Form die Blüten

üppig voll erscheinen. Sie verströmen einen intensiv süßen Duft. Nach dem überreichen Flor im Juni folgen mehr oder weniger kontinuierlich die ganze Saison über vereinzelt Blüten. Das blaßgrüne Laub ist kräftig und schön geformt. Die Triebe sind unbewehrt.

Auch wenn es in erster Linie das Gesamtbild von 'Zéphirine Drouhin' ist, das man nicht mehr vergißt, wird man sich im einzelnen doch an die zahllosen etwas grellen, rosaroten Blüten entlang der langen, aufrechten Triebe und ihren unaufhörlich wabernden, köstlichen Duft erinnern. Die Rose toleriert einen halbschattigen Standort; auch bleibt so die intensive Färbung besser erhalten. Sie läßt sich aber auch als sehr stattlicher Strauch ziehen und bildet in der Rabatte lange einen unübersehbaren Schmuck. 'Kathleen Harrop' (1919), ein Sport von 'Zéphirine Drouhin', ist in jeder Hinsicht ähnlich, bringt aber etwas schwächer gefüllte, muschel-rosa Blüten hervor. Auch sie blüht in großer Fülle vom Frühsommer bis in den Herbst.

Rechts: 'Albéric Barbier'

Rosen nach Farben   Entscheidendes Kriterium für diese Aufstellung ist die Blütenfarbe. Die Auswahl umfaßt Rosen mit besonders schönen Blüten in der jeweiligen Farbe; dabei sind Strauch- und Kletterrosen getrennt gruppiert.

Rosa

Strauchrosen
'Abbotswood'
'Ardoisée de Lyon'
Baronne Prévost
'Belle Amour'
'Bourbon Queen'
'Celsiana'
'Complicata'
'Comte de Chambord'
'Fantin-Latour'
'Glamis Castle'
'Great Maiden's Blush'
'Ispahan'
R. nutkana 'Plena'
'René d'Anjou'
'Stanwell Perpetual'

Kletterrosen
'Albertine'
'Constance Spry'
'Lady Waterlow'
'Madame Caroline Testout, Climbing'
'Madame Grégoire Staechelin'
'New Dawn'
Zéphirine Drouhin'

Weiß

Strauchrosen
R. × alba 'Alba Maxima'
'Blanc Double de Coubert'
'Boule de Neige'
'Frau Karl Druschki'
'Madame Hardy'
'Madame Legras de Saint Germain'
'Nevada'
'Nyveldt's White'
'Paulii'
'Pax'
'Schneezwerg'

Kletterrosen
'Albéric Barbier'
R. banksiae var. *banksiae*
R. bracteata
R. brunonii 'La Mortola'
'City of York'
R. filipes 'Kiftsgate'
R. laevigata 'Cooperi'
'Madame Alfred Carrière'
'Mountain Snow'
'Mrs Herbert Stevens'
'Sanders' White Rambler'
'Seagull'
'Sombreuil, Climbing'

Purpurrot/ Karmesinrot

Strauchrosen
'Alain Blanchard'
'Cerise Bouquet'
'Charles de Mills'
'De Rescht'
'Madame Delaroche-
    Lambert'
'Nuits de Young'
'Prince Charles'
'Roseraie de l'Haÿ'
'Tuscany Superb'
'William Lobb'
'Zigeunerknabe'

Kletterrosen
'Bleu Magenta'
'Blush Noisette'
'Souvenir du Docteur Jamain'

Rot

Strauchrosen
R. moyesii
'Robert le Diable'
'Scharlachglut'

Kletterrosen
'Étoile de Hollande, Clim-
    bing'
'Guinée'
'Parkdirektor Riggers'

Gelb/Apricot

Strauchrosen
'Buff Beauty'
'Canary Bird'
'Frühlingsgold'
'Golden Wings'
R. × harisonii
R. xanthina hugonis

Kletterrosen
'Alister Stella Gray'
R. banksiae 'Lutea'
'Céline Forestier'
'Claire Jacquier'
'Easlea's Golden Rambler'
'Emily Gray'
'Gloire de Dijon'

'Goldfinch'
'Lady Hillingdon'
'Maigold'
'Mermaid'

Rosen mit mehr- farbigen Blüten

'Baron Girod de l'Ain' (kar-
    mesinrot/weiß)
'Camaïeux' (rosa/karmesin-
    rot)
'Commandant Beaurepaire'
    (rosa/purpur)
'Ferdinand Pichard' (weiß/
    karmesinrot)
R. gallica 'Versicolor' (rosa/
    karmesinrot)
'Honorine de
Brabant' (rosa/purpur)
'Perle des Panachées' (weiß/
    karmesinrot)
'Tricolore de Flandre' (rosa/
    purpur)
'Variegata die Bologna' (rosa/
    karmesinrot)

Rosen mit schönem Laub

Strauchrosen
R. × *alba* 'Alba Maxima'
R. *eglanteria*
R. *fedtschenkoana*
'Fru Dagmar Hastrup'
R. *glauca*
'Great Maiden's Blush'
'Greenmantle'
'Heather Muir'
R. × *jacksonii* 'Max Graf'
R. *nutkana* 'Plena'
'Nyveldt's White'
'Roseraie de l'Haÿ'
'Schneezwerg'
R. *xanthina hugonis*
'Wolley-Dod'

Kletterrosen
'Aimée Vibert'
'Albéric Barbier'
'Bobbie James'
R. *bracteata*
R. *brunonii* 'La Mortola'
'City of York'
'Easlea's Golden Rambler'
'Emily Gray'
R. *filipes* 'Kiftsgate'
R. *laevigata* 'Cooperi'
'Maigold'
'Sanders' White Rambler'

Rosen für kleine Gärten

Für kleinere Gärten sind ausdauernd blühende Rosen, die nicht allzu groß werden, besonders wertvoll. Hier sind einige der schönsten aufgeführt, nach Strauch- und Kletterrosen gruppiert; angegeben ist auch jeweils die Blütenfarbe.

Strauchrosen
(bis zu 1,5 m hoch)
'Ardoisée de Lyon' (rosa)
'Cécile Brunner' (rosa)
'Comte de Chambord' (rosa)
'De Rescht' (karmesinrot)
'Felicia' (rosa)
'Gertrude Jekyll (rosa)
'Glamis Castle' (weiß)
'Gruß an Aachen' (rosa)
'Hermosa' (rosa)
'Iceberg' (weiß)
'Kathryn Morley' (rosa)
'Le Havre' (rosa)
'Marchesa Boccella (rosa)
'Mary Rose' (rosa)
'Mevrouw Nathalie Nypels' (rosa)
'Reine des Violettes' (purpur-violett)
'Salet' (rosa)
'The Countryman' (rosa)
'White Pet' (weiß)
'Winchester Cathedral' (weiß)

Kletterrosen
(bis zu 3,6 m hoch)
'Blush Noisette' (violettrosa)
'Céline Forestier' (gelb)
'New Dawn' (blaßrosa)
'Souvenir du Docteur Jamain' (purpur)
'Zéphirine Drouhin' (rosa)

Rosen mit besonderem Duft

Einer der meistgeschätzten Vorzüge von Rosen, ihr Duft, läßt sich bekanntlich nicht leicht beschreiben. Die hier aufgeführten Rosen gehören nicht nur für mich zu den am besten duftenden überhaupt. Ihr Parfum entfaltet sich vielfach am intensivsten bei kühler oder feuchter Witterung.

Strauchrosen
'Ardoisée de Lyon'
'Assemblage des Beautés'
'Boule de Neige'
'Buff Beauty'
'Comte de Chambord'
'Conrad Ferdinand Meyer'
'De Rescht'
'Great Maiden's Blush'
'Honorine de Brabant'
'Madame Isaac Pereire'
'Madame Zöetmans'
'Mevrouw Nathalie Nypels'

Kletterrosen
'Albertine'
'Alister Stella Gray'
R. banksiae var. *banksiae*
'Céline Forestier'
'City of York'
'Étoile de Hollande, Climbing'
'Gloire de Dijon'
'Guinée'
'Lady Hillingdon, Climbing'
'Madame Alfred Carrière'
'Madame Caroline Testout'
'Madame Grégoire Staechelin'
'Mrs. Herbert Stevens'
'Souvenir de la Malmaison'
'Souvenir du Docteur Jamain'

Rosen für den Schatten

Fast alle Rosen gedeihen in voller Sonne besser als im tiefen Schatten. Dennoch gibt es eine ganze Reihe, die Halbschatten verträgt – sowohl den lichten Schatten einer lockeren Baumkrone als auch einen Standort, der nur für einige Stunden am Tag Sonne erhält. Rosen mit intensiv roten oder purpurnen Blüten etwa, die in voller Sonne verblassen würden, kommen an solchen Stellen viel besser zur Geltung. Sämtliche hier genannten Rosen eignen sich gut für Halbschatten.

Strauchrosen

'Abbotswood'
'Alain Blanchard'
'Amy Robsart'
'Assemblage des Beautés'
'Blanc Double de Coubert'
'Bourbon Queen'
'Buff Beauty'
'Canary Bird'
'Cerise Bouquet'
'Complicata'
'Conrad Ferdinand Meyer'
'Cornelia'

'De Rescht'
'Duchesse de Montebello'
R. eglanteria
'Fimbriata'
'Fru Dagmar Hastrup'
R. × francofurtana
'Frühlingsanfang'
'Frühlingsgold'
R. glauca
'Gloire de France'
'Great Maiden's Blush'
'Greenmantle'
'Heather Muir'

'Hebe's Lip'
'Honorine de Brabant'
R. × jacksonii 'Max Graf'
'Madame Hardy'
'Madame Isaac Pereire'
'Madame Legras de Saint Germain'
'Madame Plantier'
'Marguerite Hilling'
R. moyesii
R. nutkana 'Plena'
'Nyveldt's White'
'Pax'
'Penelope'
'Petite Lisette'
R. pimpinellifolia
'Pompon Blanc Parfait'
'Prince Charles'
'Raubritter'
Roseraie de l'Haÿ'
'Scharlachglut'
'Schneezwerg'
'Souvenir de Philémon Cochet'
R. villosa
'Wolley-Dod'
'Zigeunerknabe'

Kletterrosen
'Albéric Barbier'
'Alister Stella Gray'
'Bleu Magenta'
Blush Noisette'
'Bobbie James'
R. brunonii 'La Mortola'
'City of York'

'Claire Jacquier'
'Easlea's Golden Rambler'
'Étoile de Hollande, Climbing'
'R. filipes 'Kiftsgate'
'Goldfinch'
'Léontine Gervais'
'Madame Alfred Carrière'
'Madame de Sancy de Parabère'
'Mermaid'
'Parkdirektor Riggers'
'Paul's Himalayan Musk'
'Phyllis Bide'
'Sanders White Rambler'
'Souvenir du Docteur Jamain'

Rosen für naturnahe Bereiche

Die ursprünglichen Arten und Züchtungen mit Wildrosencharakter lassen sich zwar manchmal für Rabatten im Garten verwenden, am besten kommen sie aber in Obstwiesen, Waldgärten und weniger streng gestalteten Bereichen zur Geltung. Im folgenden sind Rosen aufgeführt, die in naturnahe Gartenbereiche passen.

Strauchrosen
'Abbotswood'
'Cerise Bouquet'
R. eglanteria
'Frühlingsanfang'
'Frühlingsgold'
R. glauca
'Macrantha'
'Marguerite Hilling'
R. moyesii
'Nevada'
R. nutkana 'Plena'
R. pimpinellifolia
'Scharlachglut'
R. stella var. *mirifica*
R. xanthina hugonis

Kletterrosen
'Bobbie James'
R. bracteata
R. brunonii 'La Mortola'
R. laevigata 'Cooperi'
'Maigold'
'Paul's Himalayan Musk'
'Rambling Rector'
'Seagull'

Rosen als Strukturelemente

Viele Rosen wachsen zu Büschen von beeindruckender Gestalt heran – das macht sie zu wertvollen Strukturpflanzen, die eine Rabatte prägen oder einen Blickfang darstellen, der das Auge in eine bestimmte Richtung lenkt. Manche bilden stattlich aufrechte Sträucher wie 'Great Maiden's Blush', andere gefällig rundliche Formen wie *Rosa × jacksonii* 'Max Graf'.

R. × alba 'Alba Maxima'
'Amy Robsart'
'Blanc Double de Coubert'
'Céleste'
R. fedtschenkoana
'Frühlingsgold'
R. glauca
'Golden Wings'
'Great Maiden's Blush'
'Heather Muir'
'Henry Martin'
'Honorine de Brabant'
R. × jacksonii 'Max Graf'

'Königin von Dänemark'
'Madame Hardy'
'Madame Legras de Saint Germain'
'Marguerite Hilling'
R. moyesii
'Nevada'
R. nutkana 'Plena'
'Nyveldt's White'
R. × odorata 'Mutabilis'
Roseraie de l'Haÿ
'Scharlachglut'
R. stellata var. *mirifica*

Bezugsquellen Die Bezugsquellen sind bei den Rosenbeschreibungen als Ziffern angegeben. Hier folgen die Adressen, die den Ziffern zugeordnet sind.

1. Pépinières de la Guerinais, Michael Adam, F-35340 Liffré. Tel.: 99686355.

2. Baumschulen Conrad Appel KG, Brandschneise 1, D-64295 Darmstadt. Tel.: 06155/4081, Fax: 06155/4711.

3. Gärtnerhof Badenstedt, Tarmstedter Str. 24, D-27404 Zeven-Badenstedt. Tel.: 04281/6377.

4. Arboretum du Balaine, F-03460 Villeneuve sur Allier. Tel : 70433007, Fax: 70433268.

5. Peter Beales Roses, Amanda Beales, London Road, Attleborough, GB-Norfolk, NR17 1AY. Tel.: 01953/454707, Fax: 01953/456845.

6. Baumschulen – Rosenkulturen, Theodor Beaufays (Inh. Peter Beaufays), Dyckburgstr. 403, D-48157 Münster-Sudmühle. Tel.: 0251/32038.

7. Roseraie de Berty, F-07110 Largentière. Tel.: 75883056, Fax: 75883693.

8. Culture spéciale de rosiers anciens, Bernard Boureau, B.P. 8, F-77166 Grisy-Suisnes. Tel.: 64059183.

9. Acton Beauchamp Roses, Lindsay Bousfield, Acton Beauchamp, GB-Worcestershire, WR6 5AE. Tel.: 01351/640433, Fax: 01351/640802.

10. Bressingham Gardens, Ken March, Bressingham, Diss, GB-Norfolk, IP22 2AB. Tel.: 01379/88464, Fax: 01379/888289.

11. Pépinières Brochet-Lanvin, La Presle, F-51480 Nanteuil la Forêt. Tel.: 26594339, Fax: 26594220.

12. Roseraies Cler et Josset, 6, route de Nancy, F-54840 Gondreville. Tel.: 83636014, Fax: 83639302.

13. Les Jardins de Cotelle, F-76370 Derchigny-Graincourt. Tel.: 35836138, Fax: 35040600.

14. Strobel & Co., Wedeler Weg 62, D-25421 Pinneberg. Tel.: 04101/20550.

15. Baumschulen – Stauden Demmel, Baumschulenstr. 3, D-82402 Seeshaupt. Tel.: 08801/1055, Fax: 08801/2201.

16. Baumschulen Otto Eisenhut, CH-6575 San Nazarro/Tessin. Tel.: 093/611867.

17. Baumschulen Fa. C. Esveld, Rijneveld 72, NL-2771 XS Boskoop. Tel.: 01727/13289, Fax: 01727/15714.

18. E.V.E. „Le Bois d'Eve", F-77690 La Genevraye. Tel.: 64290098, Fax: 64290765.

19. Les Roses Anciennes de André Eve, Morailles, F-45300 Pithiviers le Vieil. Tel.: 38300130, Fax: 38307165.

20. Pépinière des Farguettes, William Dewost, F-24520 Saint Nexans. Tel.: 53243754.

21. Gärtnerei und Staudenkulturen Hans und Elsbeth Frei, Breitestr. 5, CH-8465 Wildensbuch. Tel.: 052/431230, Fax: 052/431015.

22. Baumschulen – Staudengärtnerei Hansuli Friedrich, CH-8476 Stammheim. Tel.: 054/451127, Fax: 054/452667.

23. Gandy's Roses Ltd., Miss Rosemary Gandy, North Kilworth nr Lutterworth, GB-Leicestershire, LE17 6HZ. Tel.: 01858/880398.

24. Baumschule Goos (Inh. Udo Zuber-Goos), Alte Hohl 7, D-69168 Wiesloch-Baiertal. Tel.: 06222/73434, Fax: 06222/73439.

25. Staudengärtnerei Hans Götz, D-77761 Schiltach. Tel.: 07836/2750, Fax: 07836/1493.

26. The Hannays of Bath, Mr. & Mrs. V.H.S. Hannay, Sydney Wharf Nursery, Bathwick, Bath, GB-Avon, BA2 4ES. Tel.: 01225/462230.

27. Versandbaumschulen Rudi Hartmann, Kieler Str. 5, D-25474 Hasloh. Tel.: 04106/2031, Fax: 04106/2032.

28. Baumschulen Fritz Häussermann, Schützenhausweg 43-47, D-70499 Stuttgart. Tel.: 0711/8892011, Fax: 0711/8892970.

Bezugsquellen

29. Hillier Nurseries (Winchester) Ltd., Ampfield House, Ampfield, Romsey, GB-Hampshire, SO51 9PA. Tel.: 01794/68733, Fax: 01794/68813.

30. Hosford's Geranium & Garden Centre, John Hosford, Cappa, EI-Enniskeanne, Co. Cork. Tel.: 023/39159, Fax: 023/39300.

31. Pflanzenzuchtbetrieb Hoveling Plant b. v., Oosteinde 27 A, NL-2825 AH Berkenwoude. Tel.: 01826/2555, Fax: 01826/2942.

32. Baumschulen Richard Huber, CH-5605 Dottikon AG. Tel.: 057/241827, Fax: 057/242424.

33. Rosengärtnerei Kalbus (Inh. J. Malinakova), Hagenhausen, D-90518 Altdorf. Tel.: 09187/5729, Fax: 09187/5729.

34. Staudengärtnerei – Baumschulen Kayser & Seibert, Wilhelm-Leuschner-Str. 85, D-64380 Roßdorf. Tel.: 06154/9068, Fax: 06154/82069.

35. Rosenschulen W. Kordes Söhne GmbH & Co. KG, Rosenstr. 54, D-25365 Klein Offenseth-Sparrieshoop. Tel.: 04121/48700, Fax: 04121/84745.

36. Rose du Temps Passé, Lacon GmbH, J.-S.-Piazolostr. 4a, D-68766 Hockenheim. Tel.: 06205/4001, Fax: 06205/18574.

37. Mattocks's Roses, Mark Mattock, The Rose Nurseries, Nuneham Courtenay, Oxford, GB-Oxfordshire, OX9 9PY. Tel.: 0186/783265, Fax: 0186/738267.

38. Pépinières Michaud, Rue de l'Audonnerie, F-79240 L'Absie. Tel.: 49958012, Fax: 49959157.

39. Notcutts Nurseries, J. A. Dyter, Woodbridge, GB-Suffolk, IP12 4AF. Tel.: 01394/383344, Fax: 01394/385460.

40. GAEC „Au Jardin des Roses", Roseraies Orard, 56, route de Lyon, F-69320 Feyzin. Tel.: 78703236, Fax: 78703368.

41. Aux Plantations Modernes, 182, rue du Fg Saint-Denis, F-75010 Paris. Tel.: 40357932, Fax: 40350725.

42. Raveningham Gardens, Tessa Hobbs, Raveningham Hall, Raveningham, GB-Norfolk, NR14 6NS. Tel.: 01508/46222, Fax: 01508/468958.

43. Reads Nurseries, Terence & Judy Read, Hales Hall, Loddon, GB-Norfolk, NR14 6QW. Tel. 01508/46395, Fax: 01508/46395.

44. G. Reuthe Ltd., E. W. Reuthe, Crown Point Nursery, Sevenoaks Road, Ightham, GB-Kent, TN15 0HB. Tel.: 01732/810694.

45. Roseraies Sauvageot, F-25220 Vaire-Arcier. Tel.: 81570026, Fax: 81570883.

46. Rosenschulen Walter Schultheis, D-61231 Bad Nauheim-Steinfurt. Tel.: 06032/81013, Fax: 06032/85890.

47. Seaforde Gardens, Patrick Forde, Seaforde, Co. Down, GB-N.Ireland. Tel.: 0139687/225.

48. Sortiments- und Versuchsgärtnerei Werner Simon, Staudenweg 2, D-97828 Marktheidenfeld. Tel. 09391/3516, Fax: 09391/2183.

49. Iden Croft Herbs, Rosemary Titterington, Frittenden Road, Staplehurst, GB-Kent, TN12 0DH. Tel.: 01580/891432, Fax: 01580/892416.

50. Ostholsteiner Baumschulen, Hans-W. Töbing, Postfach 110, D-23710 Malente-Timmdorf. Tel.: 04523/2432, Fax: 04523/2102.

51. Baumschulen Pieter Zwijnenburg jr., Halve Raak 18, NL-2771 AD Boskoop. Tel.: 01727/16232, Fax: 01727/18474.

Winterhärtezonen

Härtezonen beruhen auf der durchschnittlichen Jahres-tiefsttemperatur in verschiedenen Gegenden. Die Einteilung reicht von Zone 1 als kältestem bis Zone 10 als wärmstem Bereich. Ist also für eine Pflanze Härtezone 7 angegeben, so heißt das, daß sie nicht unbedingt in einer Zone mit niedrigerer Zahl überlebt. Die Angaben gelten eher für Kontinentalklima als für Seeklima und sind lediglich als grober Anhaltspunkt zu verstehen. In vielen Teilen Europas wird die Kälteverträglichkeit einer Pflanze vielmehr vom Kleinklima am betreffenden Gartenstandort bestimmt. Außerdem hängen die Überlebenschancen einer Pflanze nicht nur von der Temperatur ab. Andere Faktoren wie Wasserführung im Boden, Niederschlag, Sonneneinstrahlung und Windschutz können zu grundlegenden Abweichungen führen.

Temperaturbereiche	
Zone	Tiefsttemperaturen im Winter (in °C)
1	unter −45
2	−45 bis −40
3	−40 bis −34
4	−34 bis −29
5	−29 bis −23
6	−23 bis −17
7	−17 bis −12
8	−12 bis −7
9	−7 bis −1
10	−1 bis 5

Rosenregister

ROSENZAUBER

— ❧ —

Die Rose ist ein eigenwilliges Gewächs. Sie behauptet sich an ihren vielen Wildstandorten auf der ganzen Welt, und überall in den Gärten beglückt sie uns mit ihren vielfältigen und herrlich duftenden Blüten. Es gibt wohl keiner, der sich ihrer Schönheit entziehen könnte. Damit sich diese Pracht auch in Ihrem Garten entfalten kann, finden Sie hier die richtige Literatur zum Thema Rosen aus dem Verlag Eugen Ulmer.

Rosen für den Garten. Dietrich Woessner. 2., überarbeitete und neugestaltete Auflage 1988. 208 Seiten, 98 Farbfotos, 47 sw-Fotos und Zeichnungen. Pp. ISBN 3-8001-6352-7. Die Bilanz eines großen Praktikers, die Summe seiner lebenslangen Erfahrungen.

Alte Rosen und Wildrosen. Anny Jacob, Hedi und Wernt Grimm, Bruno Müller. 2., verbesserte Auflage 1992. 200 Seiten, 86 Farb- und 6 sw-Fotos, 33 Zeichnungen. Ln. m. SU. ISBN 3-8001-6498-1. Die Majestäten unter den Rosen. Von Gallica-Rosen bis Teehybriden.

Das Schneiden der Rosen. Dietrich Woessner. 1992. 126 Seiten, 58 Farbfotos und 27 Zeichnungen. (Ulmer TB 57). Kt. ISBN 3-8001-6815-4.

Schöne Gartenrosen. Horst Noack. 1989. 112 Seiten, 71 Farbfotos, 12 Zeichnungen. Kt. ISBN 3-8001-6396-9. Eine Auswahl der knapp 100 interessantesten Rosen für den Garten, natürlich mit vielen praktischen Tips.

Rosenkrankheiten. Erkennen und Behandeln von Wachstumstörungen, Krankheiten und Schädlingen. Dietrich Woessner. 3., ergänzte Auflage 1987. 167 Seiten, 152 Farbfotos. Kt. ISBN 3-8001-6351-9. Sicher erkennen und richtig behandeln.

Erlebte Rose. Karl H. Hanisch. 1988. 223 Seiten, 24 farbige Tafeln. Ln. ISBN 3-8001-6370-5. Kurzweilige Geschichten über den richtigen Umgang mit ihnen.